Der Umfassende Ratgeber Für Shiba Inus

Vanessa Richie

LP Media Inc. Verlag

Text copyright © 2025 von LP Media Inc.

www.lpmedia.org

Veröffentlichungsdaten

Vanessa Richie

Der Umfassende Ratgeber Für Shiba Inus ---- Erste Ausgabe.

Zusammenfassung: „Erfolgreiche Aufzucht eines Shiba Inu Hundes vom Welpen bis ins hohe Alter" --- Bereitgestellt vom Verlag.

ISBN: 978-1-961846-43-2

[1. Shiba Inu --- Sachbuch] I. Titel.

Entworfen von Sorin Rădulescu

Erste deutsche Ausgabe, 2025

Inhaltsverzeichnis

KAPITEL 4

KAPITEL 5

KAPITEL 6

KAPITEL 7

KAPITEL 8

KAPITEL 9

KAPITEL 10

KAPITEL 11

KAPITEL 17

KAPITEL 18

EINLEITUNG

Shiba Inu gehören zu den am leichtesten erkennbaren Hunderassen der Welt, obwohl man sie durchaus für domestizierte Füchse halten könnte. Als eine der sechs in Japan heimischen Hunderassen, gewannen sie nach dem Ende des Zweiten Weltkriegs an Beliebtheit, nachdem die Rasse beinahe ausgestorben wäre. Heute sind sie auf fast jedem Kontinent der Erde zu finden. Während Shiba Inu in Japan schon immer eine beliebte Rasse waren, hat der Rest der Welt erst später gelernt, diese niedliche und sehr eigenwillige Rasse zu lieben.

Sie gelten als mittelgroße Hunde, befinden sich aber definitiv am unteren Ende dieser Skala. Das macht sie zu fantastischen Begleitern für jede Umgebung. Ihr doppellagiges Fell bedeutet, dass sie etwas kühlere Klimazonen bevorzugen, und sie haaren während der wärmeren Monate erheblich. Diese Rasse ist recht pflegeleicht, weshalb in den warmen Monaten häufigeres Bürsten nötig ist. Du musst deinen Shiba nicht oft baden, da ihr Fell von Natur aus schmutzabweisend ist.

Shiba Inu sind unglaublich intelligent – ein Ergebnis ihrer jahrtausendelangen Zusammenarbeit mit Menschen. Ihre Neigung zum Ausbrechen bedeutet, dass du diesen Hund niemals unbeaufsichtigt draußen lassen solltest. Wenn du sie nicht richtig beschäftigst, langweilen sie sich schnell. Dies äußert sich typischerweise in destruktivem Verhalten. Allerdings sind Shiba Inu nicht leicht zu erziehen, was sie zu einer schlechten Wahl für Hundeanfänger macht. Trotz ihres eigenwilligen Wesens kann der Shiba Inu jedoch ein unglaublich liebevoller und treuer Begleiter für Familien sein, die wissen, wie man mit intelligenten Rassen umgeht.

Die Hunde sind unglaublich schnell und nehmen erfolgreich an Agility-Wettbewerben teil. Sie erkunden auch gerne neue Gebiete mit dir, was sie zu großartigen Reisebegleitern macht. Obwohl sie nicht für ihre Vorliebe für Fremde bekannt sind, neigen die Hunde nicht zu aggressivem Verhalten. Shiba Inu haben eine lange Geschichte als Jagdhunde. Das erklärt ihre heutige Wendigkeit, bedeutet aber auch, dass du beim Spazierengehen etwas vorsichtiger sein musst.

Angesichts ihrer sehr langen Geschichte sind Shiba Inu überraschend gesund. Sie neigen nicht zu vielen genetischen Erkrankungen, obwohl Dysplasien und Augenprobleme in der Rasse häufig vorkommen. Ihre Lebenserwartung liegt zwischen 12 und 16 Jahren, was bedeutet, dass du bei guter Pflege deines Shiba Inu wahrscheinlich mehr als ein Jahrzehnt Begleitung haben wirst.

Foto Von
Rachel Deihl

KAPITEL 1
Eine der bekanntesten asiatischen Hunderassen

Japan brachte einen der weltweit am leichtesten erkennbaren Hunde hervor – den Shiba Inu. Auf den ersten Blick könnte man ihn leicht mit einem Fuchs verwechseln, da sie die gleiche Färbung haben und ungefähr gleich groß sind. Sie sind außerdem unglaublich intelligent

*Foto Von
Joseph Hsu
Instagram @joeshoe*

und hören nicht auf jemanden, der ihren Respekt nicht gewonnen hat. Diese Hunde sind seit der Jomon-Zeit Teil menschlicher Zivilisationen.

Aus der Jomon-Zeit – Sechs berühmte japanische Rassen

Trotz seiner geringen Größe ist Japan der Ursprung von sechs bemerkenswerten Hunderassen:

- Shiba Inu (der kleinste der sechs)
- Shikoku
- Kishu
- Kai
- Hokkaido
- Akita (der größte der sechs)

Wenn du eine schnelle Suche zu diesen Hunderassen durchführst, wirst du wahrscheinlich sofort bemerken, dass sie alle ein ähnliches Erscheinungsbild haben. Der Kai sieht am einzigartigsten aus, hauptsächlich wegen seines gestromten Fells und Schwanzes. Trotz dieser Unterschiede ist erkennbar, dass die sechs Rassen aus einem kleinen Genpool stammen. Der Hauptunterschied liegt in ihrer Größe, was auf ihre Arbeit im Laufe der Jahrhunderte hindeutet. Der große und bekannte Akita wurde beispielsweise einst zur Jagd auf größeres Wild eingesetzt. Der Hokkaido gilt als eine der ältesten Hunderassen der Welt (und sicherlich in Japan). Der Shiba Inu wurde gezüchtet, um kleinere Tiere zu jagen.

Die Bedeutung des Namens

Im Gegensatz zu einigen anderen japanischen Rassen ist die Bedeutung des Namens Shiba Inu weniger eindeutig. Die zweite Hälfte, Inu, ist einfach genug – es ist das japanische Wort für Hund. Der Begriff Shiba könnte sich jedoch auf mindestens zwei verschiedene Aspekte der Geschichte des Hundes beziehen. Die erste Erklärung ist ziemlich einfach: Shiba bedeutet auf Japanisch „Buschholz". Dies könnte die Farbe des Hundefells beschreiben (Buschholz hat im Herbst eine ähnliche rötliche Farbe) oder ein Hinweis auf die Tätigkeit der Rasse sein. Aufgrund ihrer Größe jagten Shiba Inu kleinere Tiere im Gebüsch. Der zweite mögliche Ursprung des Wortes Shiba kommt aus der japanischen Präfektur Nagano, wo der Begriff einfach „klein" bedeutet.

Foto Von
Whitney Kono

Foto Von
Inger Lise Fløtten

Unabhängig davon, was der wahre Ursprung des Namens sein mag, sind beide zutreffende Beschreibungen für diesen niedlichen kleinen Hund.

Ein fleißiger Jagdpartner

Die Präsenz von Hunden in Japan reicht bis ins Jahr 7.000 v. Chr. zurück, bekannt als die Jomon-Zeit. In den Chroniken Japans wird vermerkt, dass Hunde entscheidend dazu beigetragen haben, dass Menschen auf der Insel überleben konnten. Man geht davon aus, dass der Shiba Inu um 300 v. Chr. etabliert wurde und Menschen half, die in und um die Berge der Insel lebten.

Zwischen 1603 und 1867 n. Chr. begann Japan, Hunde aus der ganzen Welt zu importieren, was dazu beitrug, das Aussehen und Temperament einiger Rassen zu verändern. In den nächsten 50 Jahren begannen die Kreuzung mit anderen Hunden und die Beliebtheit dieser neuen Rassen, die traditionellen japanischen Hunde zu verdrängen. Die japanischen Rassen, die einst für die Insel unverzichtbar waren, erlitten einen starken Rückgang ihrer Anzahl. Infolgedessen begannen einige Japaner zu befürchten, dass die einheimischen japanischen Hunde aussterben würden, und zu Beginn des 20. Jahrhunderts bildete sich eine Bewegung zum Schutz der sechs Rassen. Das japanische Bildungsministerium erklärte die verschiedenen Rassen zu nationalen Schätzen. Trotz dieser Be-

Foto Von
Caitlin Rubinstein

mühungen wurden nach dem Zweiten Weltkrieg fast alle aufgrund der geringen Anzahl der Hunde nahezu ausgerottet.

Die Auswirkungen des Zweiten Weltkriegs und die Rettung des Shiba Inu vor dem Aussterben

Der Zeitpunkt der Bemühungen, den Shiba Inu zu retten, ist vielleicht das, was ihnen geholfen hat zu überleben.

Vor dem Zweiten Weltkrieg gab es drei Typen des Shiba Inu, benannt nach ihrer spezifischen geografischen Region:

- Mino

- Sanin

- Shinshu

Während des Krieges wurden viele Hunde bei Bombenangriffen getötet. Viele derjenigen, die die Bombardierungen überlebten, starben an der Staupe, einer bei Hunden hochansteckenden Viruserkrankung. Dank einiger Zuchtprogramme, die bereits vor dem Krieg eingerichtet worden waren, konnten die Japaner diesen niedlichen kleinen Hund vor dem vollständigen Aussterben bewahren. Züchter durchsuchten die entlegensten Teile des Landes, um einige der letzten verbliebenen Mino und Sanin zu finden. Da zu wenige übrig waren, um sie reinrassig zu züchten, war es am besten, die drei Varianten miteinander zu kreuzen, um sicherzustellen, dass es wenige genetische Probleme gab. Der heutige Shiba ist das Ergebnis dieser Zuchtbemühungen zwischen den verschiedenen ursprünglichen Shiba Inu-Typen.

Mit vielen amerikanischen Soldaten, die in Japan stationiert waren, begann das Interesse am Shiba Inu zu wachsen. Als ein Soldat 1954 einen Shiba Inu mit nach Hause nahm, begann die Rasse viel Aufmerksamkeit zu erregen. In Deutschland kamen die ersten Shiba Inus etwa seit 1980 an und der VDH (Verband für das Deutsche Hundewesen) erkannte die Rasse 2016 offiziell an. Heute sind Shiba die beliebtesten Hunde in Japan und wurden 2012 zur 50. beliebtesten Rasse in den USA ernannt. In Deutschland bleiben sie jedoch nach wie vor eine seltene Erscheinung - laut VDH-Statistik werden jährlich nur etwa 150 Welpen geboren. Dennoch findet der Shiba Inu aufgrund seiner ursprünglichen Optik und seines speziellen Wesens auch hierzulande immer mehr Freunde, betreut durch spezialisierte Vereine wie den Shiba Club Deutschland e.V. und den Deutschen Club für Nordische Hunde (DCNH).

Die Treue des Shiba Inu

Einer der Gründe, warum Menschen bereit sind, einen intelligenten Hund mit einem starken Unabhängigkeitsstreben zu akzeptieren, ist, dass sie unglaublich treue Hunde sind. Sie können bei der Lösung von Problemen helfen und bleiben an deiner Seite, wenn du sie am meisten brauchst.

Die meisten Menschen haben von dem Akita gehört, der jeden Tag jahrelang nach dem Tod seines Menschen am Bahnhof auf ihn wartete. Der Shiba Inu war in einer neueren wahren Geschichte zu finden, die beweist, dass sie unglaublich treu und liebevoll gegenüber ihrer Familie sind. Nach dem Erdbeben von Yamakoshi in Japan im Jahr 2004 konnte eine Shiba Inu-Hündin aus den Trümmern entkommen. Sie brachte ihre Welpen aus dem gefährlichen Gebäude und stellte sicher, dass es ihnen gut ging. Als nächstes ging sie los, um ihren Menschen zu finden, einen älteren Mann, der unter den Trümmern eingeschlossen war. Sie weckte ihn auf und lenkte die Aufmerksamkeit auf seinen Standort, während der Mann versuchte, sich aus den Trümmern zu befreien. Er wurde dann aus der Region ausgeflogen. Als er schließlich ein paar Wochen später zurückkehren konnte, hatten die Shiba Inu-Hündin und ihre Welpen überlebt und waren trotz der weniger als idealen Umstände gesund geblieben.

KAPITEL 2

Sieht aus wie ein Fuchs, benimmt sich wie eine Katze, liebt wie ein Hund

Zwischen Aussehen, Temperament und Persönlichkeit ist der Shiba Inu eine einzigartige Kombination mehrerer Tiere. Das äußere Erscheinungsbild erinnert an einen Fuchs. Die Art, wie ein Shiba Inu dich während des Trainings desinteressiert anschaut, wird dich definitiv an eine Katze erinnern. Und wenn es um die Familie geht, wird ein Shiba dich genauso lieben wie jeder andere Hund. Obwohl sie sicherlich klein sind, haben sie die Persönlichkeit eines großen Hundes.

Die charakteristischen körperlichen Merkmale des Shiba Inu

Der Shiba Inu ist ein kompakter, gut gebauter kleiner Hund mit einem Durchschnittsgewicht von etwa 9 kg, wobei Rüden im Schnitt etwa 10 kg und Hündinnen etwa 8 kg wiegen. Sie sind etwa 30 cm groß, bis zu den Schultern gemessen, also ungefähr kniehoch bei den meisten Erwachsenen.

Die meisten von ihnen haben eine rötliche Farbe, obwohl es Variationen gibt, bei denen einige Hunde schwarz-lohfarben statt rot oder rotsesam sind. Dies ist ein Ergebnis der Kreuzung der drei Shiba Inu-Variationen. Die Hunde haben ein doppeltes Fell, was ihnen ein üppiges, flauschiges Aussehen verleiht, ähnlich wie bei einem Stofftier.

Das Gesicht eines Shibas ist klein und rund, mit intelligenten Augen und dreieckigen Ohren. Wenn sie nicht gerade die Welt um sich herum beurteilen, haben die Hunde oft ein kleines Lächeln im Gesicht, das sich häufig in einen Ausdruck der Freude verwandelt, wenn sie mit ihrer Familie interagieren und Spaß haben.

Häufige Gesundheitsprobleme bei Shiba Inu

Trotz ihrer langen Geschichte sind Shiba Inu eine unglaublich gesunde Rasse. Die größten gesundheitlichen Bedenken sind nicht lebensbedrohlich und werden in Kapitel 17 ausführlicher behandelt.

Worauf du achten solltest, sind Anzeichen von Hüftdysplasie, Patellaluxation und verschiedene Augenprobleme. Dies ist auch eine Rasse, die zu Umweltallergien neigt, wobei sie sich kratzen und in ihren Körper beißen. In Kapitel 6 und 16 findest du Details zu Inhalationsallergien.

Einige Shiba Inu haben Zahnprobleme, aber du kannst viele davon vermeiden, indem du bei der Zahnpflege proaktiv vorgehst (Kapitel 15).

Unabhängigkeits-Hinweis – Sie sind intelligent und selbstbewusst

„Shibas sind unabhängig und intelligent, stur, zäh, aktiv (mit viel Energie), Ausbruchskünstler und Dramaqueens (sowohl Rüden als auch Hündinnen)."

Susan Norris-Jones
SunJo Shiba Inu & Japanese Chin

Eines der größten Probleme, mit denen Shiba Inu-Eltern konfrontiert sind, ist, einen intelligenten Hund zu haben, der einfach nicht zuhören will. Es gibt einen guten Grund, warum Shiba Inu oft mit Katzen verglichen werden – sie haben einen ähnlichen Unabhängigkeitsdrang und sind weder anhänglich noch daran interessiert, ständig im Mittelpunkt der Aufmerksamkeit zu stehen. Wenn sie Aufmerksamkeit wollen, werden sie diese suchen, aber ansonsten haben sie vielleicht keine Lust, mit dir zu spielen, wenn du gerade Lust dazu hast.

Sie haben unbegrenztes Selbstvertrauen, und das aus gutem Grund. Mit ihrem schnellen Verstand können sie normalerweise eine Situation einschätzen und herausfinden, wie sie das Vorhandene am besten nutzen können, um ein Ziel zu erreichen.

Dies ist eine Rasse, die beträchtliche Zeit mit der Selbstreinigung verbringt, was für dich angenehm ist und auf eine weitere Art zeigt, wie die Hunde Katzen ähneln. Sie wollen ihren Körper und ihr Zuhause sauber halten, weshalb sie so leicht stubenrein zu bekommen sind (und warum sie dir ein falsches Gefühl davon vermitteln können, wie einfach sie zu erziehen sind).

Ein liebevoller und aufmerksamer Familienhund

„Der Shiba Inu hat einen weiten Weg hinter sich – von dem Ruf, aggressiv und nicht gut für Kinder geeignet zu sein, bis hin zu dem heutigen Ruf als sehr verspielter und liebevoller Begleiter."

Jan Hill
Dark Knight Shibas

Trotz ihrer Größe können Shibas großartige Wachhunde sein. Du musst nur eine schnelle Videosuche machen, um zu sehen, dass dies keine leise Rasse ist. Sie haben viele verschiedene Geräusche und Laute, mit denen sie dir mitteilen, wie sie sich fühlen.

Was sie zu großartigen Wohnungshunden und guten Wachhunden macht, ist, dass sie nicht dazu neigen, bei jedem Geräusch zu bellen. Sie sind wachsam und aufmerksam, sodass sie dich auf ein besorgniserregendes Geräusch also aufmerksam machen werden. Sie können auch Geräusche machen, einschließlich Bellen, wenn sie spielen oder wütend sind. Genau wie du dazu neigst, lauter zu werden, wenn du entweder wirklich erfreut oder wütend bist, kann der Shiba Inu sehr ausdrucksstark und stimmgewaltig sein, wenn er extreme Emotionen empfindet.

Foto Von
Alayne Levine

Einige Shibas klingen, als würden sie jodeln oder widersprechen, was unglaublich unterhaltsam sein kann. Vielleicht eines der alarmierendsten Geräusche, das sie machen, ist ihr Schreien, normalerweise wenn sie versuchen, deine Aufmerksamkeit zum Spielen zu erregen.

Könnte zu viel Hund für unerfahrene Hundehalter sein

„Der Shiba Inu ist nichts für den unerfahrenen Hundehalter. Das Aussehen täuscht gewaltig!"

CJ Strehle
JADE Shiba Inu

Foto Von
Karolina Bialkowska

Wenn du noch überlegst, ob dies der richtige Hund für dich ist, denke darüber nach, wie leicht du frustriert bist, wenn Kinder und Tiere nicht auf dich hören. Wenn du Schwierigkeiten hast, mit Ungehorsam umzugehen, ist dies wahrscheinlich nicht der richtige Hund für dich. Du wirst während der Stubenreinheit lernen, wie einfach es für einen Shiba ist zu lernen, wenn er will, was dich vielleicht denken lässt, dass das Beibringen anderer Kommandos einfach sein wird. Leider ist dies nicht der Fall. Wenn er etwas nicht tun will, wird dein Shiba Inu dich ignorieren. Zum Beispiel wird dein Shiba Inu zwar das Kommando zum Sitzen verstehen, aber nur gehorchen, wenn es ihm passt.

Shibas erfordern eine beträchtliche Menge an Arbeit, und obwohl sie die Zeit und Mühe definitiv wert sind, haben Menschen, die neu in der Hundehaltung sind, weniger Erfolgsaussichten. Dies kann dazu führen, dass Familien ihre Welpen zurückgeben. Wenn Leute davon sprechen, Katzen zu hüten, könnte dieser Ausdruck genauso gut auf das Hüten von Shiba Inu zutreffen. Sie sind unglaublich schwer zu erziehen, was umso frustrierender ist, weil du weißt, dass sie lernen können, sie wollen es einfach nicht. Es erfordert am Anfang viel Arbeit und einen sehr festen und konsequenten Trainingsansatz. Für manche wird selbst das nicht genug sein, weil sie einfach zu unabhängig sind, um Tricks zu machen.

KAPITEL 3
Deinen Shiba Inu finden

Wenn du glaubst, dass du einem Shiba Inu die richtige Liebe und Führung geben kannst, dann musst du sicherstellen, dass du den richtigen Züchter findest oder die richtigen Fragen stellst, falls du einen ausgewachsenen Hund möchtest.

Erwachsener Hund oder Welpe

Das wird deine nächste große Entscheidung sein – wie viel Arbeit kannst du bewältigen? Wirst du mit einem aufgeregten Welpen zurechtkommen, der noch alles lernen muss? Oder arbeitest du lieber mit einem erwachsenen Hund, der möglicherweise Probleme hat, durch die du ihm helfen musst? Welpen bedeuten fast immer mehr Arbeit, aber bei einem erwachsenen Hund weißt du nie, welche Erfahrungen er gemacht hat, die beeinflussen, wie er auf die Welt um ihn herum reagiert.

Die Suche nach deinem neuesten Familienmitglied wird eine Weile dauern, selbst wenn du dich für einen erwachsenen Hund aus dem Tierschutz entscheidest. Obwohl Shiba Inu recht gesund sind, können durch unsachgemäße Zucht und Pflege zu Beginn des Lebens eines Shiba Inu

*Foto Von
Rachel Deihl*

einige Probleme entstehen. Um sicherzustellen, dass du einen gesunden Welpen bekommst, der so lange wie möglich dein liebevoller Begleiter sein wird, musst du einen seriösen Züchter finden, dem die Welpen wichtiger sind als das Geld.

Überlegungen und Schritte zur Adoption eines erwachsenen Shiba Inu

Der Ansatz zur Adoption eines erwachsenen Shiba Inu ist derselbe wie bei der Adoption eines Welpen von einem Züchter. Bei einem so intelligenten, unabhängigen Hund solltest du jedoch viel mehr Fragen zur Adoption eines erwachsenen Hundes stellen, insbesondere zu seinen bisherigen Erfahrungen.

Überlegungen

Die Rettung eines Hundes birgt gewisse Risiken. Während es möglich ist, Shiba Inu-Welpen in Tierheimen zu finden, ist es viel wahrscheinlicher, dass du einen geretteten erwachsenen Hund findest. Die Adoption eines älteren Shiba Inu könnte viel Arbeit erfordern, und seine Vorgeschichte ist unglaublich wichtig, damit du weißt, was dich erwartet. Da sie sehr stur sein können, geben manche Menschen einen Shiba auf, ohne viel Mühe in ihn zu investieren. Wenn ein Hund nicht richtig sozialisiert wurde, kann es schwierig sein, ihn in ein Zuhause mit anderen Haustieren zu bringen. Sie stellen normalerweise kein großes Risiko dar, könnten aber deine Katzen und andere kleine Tiere belästigen.

Wie bei jedem erwachsenen Hund gibt es einige Überlegungen, die du wirklich durchdenken solltest, bevor du dich entscheidest, einen weiteren Hund zu adoptieren. Bei einer Rasse wie dem Shiba Inu musst du deine aktuelle Situation und dein Maß an Geduld berücksichtigen, sowie deine Erwartungen an deinen neuen Hundebegleiter. Es gibt gute Gründe, warum Shiba Inu mit Katzen verglichen werden, was sie nicht ideal macht, wenn du einen Hund möchtest, der dir überallhin folgt und auf jedes deiner Worte hört.

Denke über Folgendes nach, um festzustellen, ob ein erwachsener Shiba Inu gut zu deinem Zuhause passt.

1. **Warum möchtest du einen erwachsenen Hund in dein Zuhause bringen? Was sind deine Erwartungen an den Hund?**

   Shiba Inu sind niedlich, aber sie sind sehr unabhängig. Sie verstehen vielleicht die Befehle, die du gibst, haben aber einfach keine Lust, das zu tun, was du ihnen befiehlst. Vielleicht ist es besser, sie sich wie kleine Teenager vorzustellen, denn sie haben ihre eigene Denkweise und wissen, was sie wollen. Wenn das nicht mit dem übereinstimmt,

*Foto Von
Vasiliki Georgopoulos*

was du von ihnen verlangst, besteht eine gute Chance, dass sie deinen Befehlen nicht folgen werden.

2. **Hast du die Geduld, an den Problemen zu arbeiten, die ein erwachsener Hund haben könnte?**

Tierschutzorganisationen sammeln so viele Informationen wie möglich über die Hunde, die sie retten, aber ihr Wissen über die Geschichte eines Hundes ist normalerweise sehr begrenzt. Die Vorteile der Rettung eines Shiba Inu ähneln sehr der Adoption jedes anderen Tierschutzhundes, aber wenn sie nicht richtig trainiert sind, könnte viel Arbeit auf dich zukommen. Du musst ihr Temperament kennen, um planen zu können, wie du dem Hund helfen kannst, vergangene Erfahrungen zu überwinden und Probleme zu lösen. Die Chancen stehen gut, dass du nicht bei Null mit der Stubenreinheit anfangen musst. Erwachsene Hunde sind öfter wach als Welpen und obwohl es etwas länger dauern kann, bis sie mit dir warm werden, kannst du je nach Alter viel schneller eine Bindung zu einem erwachsenen Hund aufbauen. Erwachsene Shiba Inu können etwas vorsichtiger sein, besonders wenn sie nicht sozialisiert oder zuvor schlecht behandelt wurden, aber dieses liebevolle Wesen wird wahrscheinlich ziemlich schnell zum Vorschein kommen, sobald sie sich sicher und zu Hause fühlen. Dein neuer Hund möchte in den ersten Tagen vielleicht auch nicht mit dir kuscheln (und wird es vielleicht nie mögen), was etwas entmutigend sein kann, aber gib dem Hund Zeit, so kannst du ihn vielleicht überzeugen, etwas geselliger zu sein. Sobald dein erwachsener Hund eine Bindung zu dir aufgebaut hat, ist es, als würde man einen Zuneigungsschalter umlegen, und dann könntest du dir wirklich keinen liebevolleren, treueren und intelligenteren Hund wünschen.

3. **Kannst du dein Zuhause angemessen hundesicher machen, bevor der Hund ankommt?**

Du kannst nicht einfach einen erwachsenen Hund in dein Zuhause bringen und ihn unkontrolliert herumlaufen lassen. Ähnlich wie bei der Vorbereitung deines Zuhauses für Welpen solltest du dein Zuhause auch für einen Tierschutzhund hundesicher machen. Du musst alles eingerichtet haben, bevor der Hund ankommt. Die meisten Menschen denken, es sei nicht notwendig, sich auf einen erwachsenen Hund vorzubereiten, und versäumen es, ihr Zuhause richtig vorzubereiten – ein großer Fehler, wenn du einen so geschickten Ausbrecher nach Hause bringst. Wie bei einem Welpen benötigst du einen eigenen Bereich für deinen neuen Hund, um sicherzustellen, dass er die Regeln lernt, bevor er im Haus herumlaufen darf. Sie können sehr destruktiv sein, wenn sie sich langweilen, daher solltest du deinen Hund nicht frei lassen, ohne dass er die Hausregeln kennt. Das heißt aber nicht, dass du einen erwachsenen Shiba Inu die meiste Zeit in einer Box einsperren solltest. Zu Beginn benötigst du einen großen Raum, damit der Hund sich mit dir und deinem Zuhause vertraut machen kann, während du die Persönlichkeit und Fähigkeiten deines neuen Hundes einschätzt. Dies ist sehr wichtig, besonders wenn du andere Hunde und Katzen hast, da du Harmonie in deinem Zuhause sicherstellen möchtest.

4. **Hast du Haustiere, die von der Einführung eines Alpha-Hundes betroffen sein könnten?**

Shiba Inu lassen sich von größeren Hunden oder Tieren nicht einschüchtern. Für sie ist jeder ein potenzieller Untergebener. Sie wollen das Sagen haben, und daher ist deine erste Aufgabe sicherzustellen, dass dein Welpe lernt, dass er nicht der Chef ist. Dies kann in Haushalten mit einem bereits vorhandenen Alpha-Hund sehr störend sein. Deine Katzen könnte die Einführung eines Shiba Inu möglicherweise stören, oder auch nicht. Kapitel 8 behandelt, wie Shiba Inu verschiedene Haustiere möglich beeinflussen werden, aber du solltest darüber nachdenken, bevor du dich entscheidest, einen Shiba Inu in dein Zuhause zu bringen.

Gute Shiba Inu-spezifische Tierschutzorganisationen sind vorsichtig bei der Vermittlung eines Hundes mit Persönlichkeits- und Sozialisierungsproblemen (es gibt einige, darunter Hunde aus Welpenfarmen und solche, die vor ihrer Rettung nachlässige oder missbrauchende Besitzer hatten). Tierheime sind weniger vorsichtig bei der Vermittlung von Shiba Inu, weil sie beliebt und für die meisten Haushalte risikoarm sind.

Du erhältst möglicherweise keine vollständige Gesundheitsakte für einen erwachsenen Shiba Inu, aber es ist wahrscheinlich, dass du einen Hund findest, der bereits kastriert oder sterilisiert sowie gechippt wurde. Wenn du keinen Shiba Inu mit gesundheitlichen Problemen adoptierst (diese sollten von der Tierschutzorganisation offengelegt werden, falls bekannt), sind Tierschutzhunde beim ersten Tierarztbesuch tendenziell weniger kostspielig als Welpen – in den ersten Jahren wirst du wahrscheinlich nicht annähernd so viel für die Gesundheitsversorgung deines Shiba Inu ausgeben. Du wirst jedoch viel mehr Zeit mit Training und Bewegung verbringen. Welpen haben eine kurze Aufmerksamkeitsspanne, was viele kurze Trainingseinheiten bedeutet. Erwachsene Hunde benötigen mehr Aufmerksamkeit und längere Trainingseinheiten, damit sie sich daran gewöhnen, auf dich zu hören. Diese gezielte Aufmerksamkeit ist nicht nur gut, um die Regeln des Hauses zu vermitteln, sondern auch um eine Bindung zum Hund aufzubauen.

Ältere Hunde geben dir unmittelbarere Befriedigung. Du musst nicht durch diese schlaflosen Nächte mit einem neuen Welpen oder die endlose Frustration gehen, die mit den frühen Arten des Trainings einhergeht. Alle intelligenten Hunde erfordern viel von der gleichen Zeit und Aufmerksamkeit wie Welpen. Dies zu umgehen, ist einer der Hauptvorteileälterer Hunde. Du musst jedoch viel vorsichtiger sein, da sie wahrscheinlich länger brauchen, um sich an ihr neues Zuhause zu gewöhnen.

Schließlich ist einer der größten Vorteile eines erwachsenen Hundes (abgesehen davon, dass du die Stubenreinheit überspringen kannst) – sie haben bereits ihre volle Größe erreicht. Du musst nicht raten oder schätzen, wie groß dein Hund wird, was es von Anfang an viel einfacher macht, die richtigen Ausrüstungen und Hundezubehör zu bekommen.

Vergiss nicht, dass Züchter möglicherweise auch ältere Hunde haben, die sie an eine liebevolle Familie abgeben möchten. Verträge und Garantien sollen sowohl die Welpen als auch die Familien schützen, die sie adoptieren. Wenn du einen erwachsenen Hund möchtest, erwäge, Züchter anzurufen, um zu sehen, ob sie erwachsene Hunde zur Verfügung haben. Du musst ihnen andere Fragen stellen als bei der Adoption eines Welpen, aber sie werden dir viele Details über den Hund, seine Persönlichkeit und mögliche Probleme geben können.

Schritte zur Adoption eines Shiba Inu

Wenn du daran interessiert bist, eine Adoption von einer Tierschutzorganisation oder -gruppe in Betracht zu ziehen, gibt es mehrere Dinge zu beachten. Dieser Abschnitt behandelt die Fragen, die du stellen solltest. Wenn du die Adoption eines Welpen von einer Tierschutzgruppe statt von einem Züchter in Betracht ziehst, stelle die gleichen Fragen, dle lm entsprechenden Abschnitt angegeben sind, um zu wissen, welche Fragen du vor der Adoption eines Welpen stellen solltest.

Wenn du dich an einen Züchter wendest, um einen erwachsenen Hund zu adoptieren, kannst du diesen Abschnitt auch nutzen, um ihn zu befragen.

Um einen besseren Eindruck von der Tierschutzorganisation und ihrem Wissen über die Hunde zu bekommen, die sie vermitteln, stelle die folgenden Fragen.

- Was war der Grund, warum der Hund abgegeben wurde?
- Hatte der Hund gesundheitliche Probleme, als er ankam?

- Wissen sie, wie der Hund von der vorherigen Familie behandelt wurde (welche Art von Training der Hund hatte, ob er misshandelt wurde oder ob er sozialisiert wurde)?
- In wie vielen Heimen war der Hund nach ihrem Wissen?
- Welche tierärztliche Versorgung hat der Hund erhalten? Haben sie Aufzeichnungen von der Zeit, bevor der Hund in ihre Obhut kam?
- Wird der Hund aufgrund bekannter oder vermuteter Probleme zusätzliche medizinische Aufmerksamkeit benötigen?
- Ist der Hund stubenrein?
- Wie gut reagiert der Hund auf Fremde und Spaziergänge in vertrauten Gebieten?
- Läuft der Hund gut an der Leine, oder wird ein spezielles Geschirr (wie ein Gentle Leader oder Brustgeschirr) benötigt?
- Hat der Hund gute Essgewohnheiten? Neigt er dazu, beim Fressen aggressiver zu sein?
- Wie reagiert der Hund auf Kinder und andere Haustiere?
- Hat der Hund bekannte zusätzliche Ernährungseinschränkungen?
- Wird die Organisation den Hund zurücknehmen, wenn nach der Adoption Probleme mit dem Hund festgestellt werden?

Züchter können eine großartige Quelle für die Adoption älterer Shiba Inu sein, besonders wenn du bereits Haustiere zu Hause hast. Da der erwachsene Hund derzeit mit anderen Hunden zusammenlebt, bedeutet das, dass sie ein gewisses Maß an Sozialisierung haben und möglicherweise bereits wissen, wie sie vermeiden können, von Anfang an der Chef sein zu wollen. Die Züchter haben auch ein vollständigeres Wissen über die Geschichte des Shiba Inu, was bei reinrassigen Hunden immer vorzuziehen ist.

Überlegungen zur Adoption eines Welpen und zur Auswahl eines Züchters

Welpen sind eine große Zeitinvestition, und ein so intelligenter und eigenwilliger Hund wie der Shiba Inu wird einige Aspekte der Welpenaufzucht noch schwieriger machen. Es gibt einige Überlegungen, die du wirklich durchdenken solltest, bevor du dich entscheidest, einen Welpen zu adoptieren.

Denke über Folgendes nach, um festzustellen, ob ein Shiba Inu-Welpe gut zu deinem Zuhause passt.

1. **Wie viel Zeit hast du zur Verfügung? Bist du bereit, deine gesamte Freizeit aufzugeben und deinen Zeitplan nach deinem Welpen auszurichten?**

   Eine der größten Überlegungen ist, wie viel Zeit du investieren möchtest. Alle Welpen bedeuten viel Arbeit, beginnend mit dem Moment, in dem der Welpe in deine Obhut kommt. Während das Temperament der Rasse weitgehend vorhersehbar ist, wird die Art und Weise, wie du deinen Welpen trainierst und sozialisierst, fast jeden Aspekt des Erwachsenenlebens des Hundes beeinflussen. Training und Sozialisierung können in den ersten Tagen einen großen Teil der Zeit in Anspruch nehmen, sind aber absolut unerlässlich für die Aufzucht eines gesunden Shiba Inu.

   Du möchtest auch, dass der Welpe weiß, dass dein Zuhause sicher ist und dass alle das Beste für den Welpen im Sinn haben. Das kann anstrengend sein, weil die Hunde von klein auf viel Energie haben. Ohne richtiges Training und Sozialisierung könnte dein Hund zu ungestüm und destruktiv sein und deine Trainingsversuche ignorieren.

2. **Kannst du bei einem so niedlichen Welpen konsequent und bestimmt sein?**

   Von Anfang an musst du dich und deine Familie als diejenigen etablieren, die das Sagen haben, damit dein Shiba Inu die Hierarchie von dem Moment an versteht, in dem er dein Zuhause betritt. Er mag nicht immer zuhören, aber du darfst ihn nicht denken lassen, dass er der Chef ist.

3. **Hast du die Zeit, Energie und das Budget, um dein Zuhause welpensicher zu machen?**

   Die Arbeit, um dein Zuhause für die Ankunft deines Welpen vorzubereiten, beginnt lange bevor dein Welpe ankommt. Das Welpensichern des Hauses ist genauso zeitaufwendig wie das Kindersichern deines Hauses. Es ist wichtig, dein Zuhause welpensicher zu machen, aber du musst deinen Welpen nach seiner Ankunft trotzdem ständig im Auge behalten. Wenn du keine Zeit hast, dein Zuhause welpensicher zu machen, dann solltest du die Anschaffung eines erwachsenen Hundes in Betracht ziehen (du solltest wahrscheinlich auch eine andere Rasse in Betracht ziehen, denn ein Shiba Inu jeden Alters, der ins Haus gebracht wird, wird eine große Zeitinvestition sein). Kapitel 5 enthält Details darüber, was du tun musst, um dein Zuhause vorzubereiten.

Auf der positiven Seite wirst du mehr Zeit haben, mit einem Welpen zusammenzuleben als mit einem erwachsenen Hund. Du wirst Aufzeichnungen über den Welpen und die Eltern des Welpen haben, was es einfacher macht, potenzielle Probleme zu identifizieren, unter denen dein Shiba Inu leiden könnte. Dies macht es erheblich einfacher, sicherzustellen, dass dein Welpe gesund bleibt und potenzielle Probleme früher zu erkennen.

Manche Menschen finden es leichter, eine Bindung zu Welpen aufzubauen als zu erwachsenen Hunden. Ein junger Welpe wird in einem neuen Zuhause nervös sein, aber die meisten von ihnen passen sich schnell an, weil sie von Natur aus dazu neigen, die Gesellschaft derer um sie herum zu genießen. Deine Hauptaufgabe wird sein, deinen Welpen zu schützen und sicherzustellen, dass du ihn geduldig trainierst. Wir werden dies in einem späteren Kapitel ausführlicher behandeln.

Einen verantwortungsvollen Züchter zu finden, ist das Beste, was du für deinen Welpen tun kannst, da gute Züchter nur mit gesunden Eltern arbeiten, was die Wahrscheinlichkeit verringert, dass ein Welpe ernsthafte gesundheitliche Probleme haben wird. Nimm dir immer Zeit, Züchter zu recherchieren. Obwohl diese Rasse pflegeintensiver ist – oder zumindest viel Geduld und Bereitschaft erfordert, mit der Sturheit umzugehen – werden die meisten Menschen, die nicht bereit sind, Zeit zu investieren, es nicht tun. Obwohl Shiba Inu-Züchter größtenteils seriös sind, bedeutet das nicht, dass es nicht einige geben wird, die mehr daran interessiert sind, viel Geld zu verdienen.

Einen Züchter auswählen

Sobald du genug über die Rasse verstehst, um zu wissen, worauf du dich einlässt, ist es Zeit, mit Züchtern zu sprechen. Das Ziel ist es, herauszufinden, welche Züchter bereit sind, sich die Zeit zu nehmen, geduldig und gründlich alle deine Fragen zu beantworten. Sie sollten so viel Liebe für ihre Shiba Inu haben, wie sie möchten, dass du für deinen neuen Welpen empfindest. Und sie sollten sicherstellen wollen, dass ihre Welpen in gute Häuser kommen.

Wenn du jemanden findest, der regelmäßig Bilder und Informationen über die Eltern und den Fortschritt der Schwangerschaft der Mutter und die Tierarztbesuche postet, ist das ein sehr gutes Zeichen. Die besten Züchter werden nicht nur über ihre Hunde und die Pläne für die Eltern in der Zukunft sprechen, sie werden auch nach der Ankunft des Welpen in deinem Zuhause mit dir in Kontakt bleiben und alle aufkommenden Fragen beantworten. Diese Art von Züchter haben wahrscheinlich Wartelisten. Das aktive Interesse daran, zu wissen, was später mit den Welpen geschieht, zeigt, dass sie sich sehr um jeden einzelnen Hund kümmern. Du möchtest auch einen Züchter finden, der bereit ist, über die möglichen Probleme mit Shiba Inu zu sprechen. Gute Züchter wollen sicherstellen, dass die Familie, die einen ihrer Welpen adoptiert, in der Lage ist, einen Shiba Inu richtig zu sozialisieren und zu trainieren. Beide Aktivitäten sind von wesentlicher Bedeutung, wenn ein Welpe heranwächst.

Es ist wahrscheinlich, dass für jeden Züchter, den du anrufst, das Gespräch etwa eine Stunde dauern wird. Wenn ein Züchter keine Zeit hat zu sprechen und nicht bereit ist, später mit dir zu sprechen, kannst du ihn von deiner Liste streichen. Nachdem du mit jedem möglichen Züchter gesprochen hast, vergleiche die Antworten.

Im Folgenden findest du einige Fragen, die du stellen solltest. Achte darauf, dass du während der Befragung der Züchter sorgfältige Notizen machst:

- Frage, ob du persönlich vorbeikommen kannst. Die Antwort sollte immer Ja sein, und wenn nicht, brauchst du nichts weiter zu fragen. Bedanke dich beim Züchter und lege auf. Selbst wenn der Züchter in einem anderen Bundesland ansässig ist, sollte er dir erlauben, die Einrichtung zu besuchen.

- Frage nach den erforderlichen Gesundheitstests und Zertifizierungen, die sie für ihre Welpen haben. Diese Punkte werden im nächsten Abschnitt näher erläutert, also stelle sicher, dass du die verfügbaren Tests und Zertifizierungen für jeden Züchter abhakst. Wenn sie nicht alle Tests und Zertifizierungen haben, möchtest du den Züchter vielleicht von der Berücksichtigung ausschließen.

- Stelle sicher, dass der Züchter sich immer um alle anfänglichen Gesundheitsanforderungen in den ersten Wochen bis zu den frühen Monaten kümmert, insbesondere um Impfungen. Welpen benötigen bestimmte Verfahren, die durchgeführt werden müssen, bevor sie ihre Mutter verlassen, um sicherzustellen, dass sie gesund sind. Impfungen und Entwurmungen beginnen typischerweise etwa sechs Wochen nach der Geburt der Welpen und müssen dann alle drei Wochen fortgesetzt werden. Wenn dein Welpe alt genug ist, um nach Hause zu kommen, sollte er bereits weit in den Verfahren fortgeschritten sein oder sogar die ersten Phasen dieser wichtigen Gesundheitsversorgung abgeschlossen haben.

- Frage, ob der Welpe vor Erreichen eines bestimmten Reifealters kastriert oder sterilisiert werden muss. Typischerweise werden diese Verfahren im besten Interesse der Welpen durchgeführt.

- Finde heraus, ob der Züchter Teil einer Shiba Inu-Organisation oder -Gruppe ist.

- Frage nach den ersten Phasen des Lebens deines Welpen, wie zum Beispiel, wie der Züchter plant, sich in den ersten Monaten um den Welpen zu kümmern. Sie sollten viele Details liefern können, und sie sollten dies tun, ohne genervt darüber zu klingen, dass du es wissen möchtest. Sie werden dir auch mitteilen, wie viel Training erwartungsgemäß vor der Ankunft des Welpen in deinem Zuhause durchgeführt wird. Es ist möglich, dass der Züchter mit der Stubenreinheit des Welpen beginnt. Frage, wie schnell der Welpe das Training aufgenommen hat. Du möchtest dort weitermachen können, wo der Züchter aufgehört hat, sobald dein Shiba Inu dein Zuhause erreicht.

- Sieh, welche Art von Ratschlägen der Züchter zur Aufzucht deines Shiba Inu-Welpen gibt. Sie sollten mehr als glücklich sein, dir zu helfen, das Beste für deinen Hund zu tun, weil sie möchten, dass die Welpen glückliche, gesunde Leben führen. Du solltest dich auch auf die Empfehlungen, Ratschläge und zusätzliche Betreuung eines Züchters verlassen können, nachdem der Welpe in deinem Zuhause angekommen ist. Im Grunde bekommst du Kundensupport sowie eine gute Chance, einen gesunden Hund zu haben.

- Wie viele Würfe betreuen sie pro Jahr? Wie viele Elternpaare haben die Züchter? Welpen können viel Zeit und Aufmerksamkeit in Anspruch nehmen, und die Mutter sollte zwischen den Schwangerschaften eine Ruhepause haben. Informiere dich über die Standardabläufe des Züchters, um herauszufinden, ob sie sich um die Eltern kümmern und sie wie wertvolle Familienmitglieder behandeln und nicht nur als Mittel, um Geld zu verdienen.

Foto Von
Brooke Steinbach

- Frage nach Aggressionen bei den Eltern. Finde auch heraus, ob sie andere Hunderassen im Haus haben. Während Welpen temperamentmäßig formbarer sind als Erwachsene, kann es, wenn sie bereits Kontakt mit anderen Rassen hatten, einfacher sein, sie in ein Zuhause zu integrieren, in dem bereits Hunde leben.

Verträge und Garantien

Züchterverträge und -garantien sollen die Welpen genauso schützen wie dich. Wenn ein Züchter einen Vertrag hat, der unterschrieben werden muss, stelle sicher, dass du ihn vollständig durchliest und bereit bist, alle Anforderungen zu erfüllen, bevor du ihn unterschreibst. Die Verträge sind in der Regel ziemlich leicht zu verstehen und einzuhalten, aber du solltest alle Fakten kennen, bevor du etwas vereinbarst. Über das Geld für den Welpen hinaus sagt die Unterzeichnung des Vertrags, dass du es ernst meinst, wie du planst, dich um den Welpen zu kümmern, indem du die vom Züchter festgelegten Mindestanforderungen erfüllst. Ein Vertrag kann auch besagen, dass der Züchter die ursprünglichen Registrierungspapiere des Welpen behält, und du eine Kopie der Papiere bekommst.

Wenn eine Familie die Vereinbarung aus dem Vertrag nicht einhält, kann der Züchter den Welpen von dieser Familie wegnehmen. Dies sind die Hunde, die einige Züchter zur Adoption anbieten.

Die Garantie gibt an, welche Gesundheitszustände der Züchter für seine Welpen verspricht. Dies umfasst typischerweise Details über die Gesundheit des Hundes und Empfehlungen für die nächsten Schritte der Pflege des Welpen, sobald er die Einrichtung des Züchters verlässt. Garantien können auch Zeitpläne enthalten, um sicherzustellen, dass die vom Züchter begonnene Gesundheitsversorgung vom neuen Welpenbesitzer fortgesetzt wird. Falls ein größeres gesundheitliches Problem festgestellt wird, muss der Welpe zum Züchter zurückgebracht werden. Der Vertrag wird auch erklären, was nicht garantiert ist. Die Garantie ist in der Regel sehr lang (manchmal länger als der Vertrag), und du solltest sie gründlich lesen, bevor du sie unterschreibst.

Shiba Inu-Verträge enthalten normalerweise die Anforderung, den Hund kastrieren oder sterilisieren zu lassen, sobald er die Reife erreicht (typischerweise sechs Monate). Der Vertrag kann auch Namensanforderungen, Gesundheitsdetails und eine Bestimmung darüber enthalten, was passieren wird, wenn du dich nicht mehr um das Tier kümmern kannst (der Hund geht normalerweise zurück zum Züchter). Er könnte auch Informationen darüber enthalten, was passieren wird, wenn du deinen Hund vernachlässigst oder misshandelst.

Gesundheitstests und Zertifizierungen

„Es ist wichtig zu wissen, woher dein Shiba-Welpe kommt. Ein Züchter sollte dir erlauben, die Geschichte der Eltern zu sehen. Wenn sie das nicht mit dir teilen möchten, dann würde ich einen anderen Züchter wählen, der es tut. Hüftdysplasie ist etwas, worauf man achten sollte, Augen, Biss, Haltung, die Spitze und Krümmung der Ohren und mehr."

Jan Hill
Dark Knight Shibas

Ein gesunder Welpe erfordert gesunde Eltern und eine saubere genetische Geschichte. Ein guter Züchter führt umfangreiche Aufzeichnungen über jeden Welpen und die Eltern. Du solltest die vollständige Geschichte jedes Elternteils überprüfen, um zu verstehen, welche Eigenschaften dein Welpe wahrscheinlich erben wird. Achte auf Lernfähigkeiten, Temperament, Anhänglichkeit und alle Persönlichkeitsmerkmale, die du für wichtig hältst. Du kannst entweder darum bitten, dass Dokumente elektronisch an dich gesendet werden, oder sie erhalten, wenn du den Züchter persönlich besuchst.

Es könnte eine Weile dauern, die Informationen des Züchters über jeden Elternteil zu überprüfen, aber es lohnt sich immer für die Zeit, die du mit dem Studium und Planen verbringst. Je mehr du über die Eltern weißt, desto besser bist du auf deinen Welpen vorbereitet.

Wenn du nach einem Shiba Inu suchst, den du adoptieren möchtest, gibt es einige gesundheitliche Bedenken, nach denen du Züchter oder Tierschutzgruppen fragen solltest.

Die folgenden sind Gesundheitstests, bei denen alle Züchter sicherstellen sollten, dass ihre Shiba Inu sie durchlaufen:

- Hüft- und Ellenbogenbewertung – Testen der Welpen auf Dysplasie
- Patella-Bewertung – ein Problem mit den Kniescheiben eines Hundes
- Augenuntersuchung durch jemanden, der Mitglied beim GRSK-Augenarzt ist (sie sollten entweder beim VDH oder der GRSK registriert sein)

Züchter, die sich die Zeit nehmen, dem Deutschen Shiba-Club beizutreten, beweisen, dass sie die Gesundheit ihrer Welpen ernst nehmen. Diese Organisation verlangt, dass ein standardisierter Satz von Anforderungen erfüllt wird, daher zeigt die Mitgliedschaft, dass die Züchter, die beitreten, zuverlässig und seriös sind.

Auswahl eines Welpen von einem Züchter

„Der Shiba-Welpe, der direkt auf dich zukommt, wird wahrscheinlich eher ein ,Grenzen testen'-Typ Hund sein. Schüchternheit ist jedoch nicht unbedingt gut, da ein schüchterner Shiba schnippisch werden kann, wenn er in die Enge getrieben wird. Achte auf Wachsamkeit und hohe Schwänze: Das sind Anzeichen von Dominanz. Das kann gut sein, wenn du das willst, aber stelle sicher, dass du weißt, dass je mehr Dominanz ein Welpe zeigt, desto wahrscheinlicher wird er seine Grenzen testen und sehen, wie weit du ihn gehen lässt."

Jeffrey Kellen
JAK Kennel

Foto Von
Janice Hill
Darknight Shibas

Die Auswahl deines Welpen sollte persönlich erfolgen. Du kannst jedoch mit der Überprüfung deines Welpen nach der Geburt beginnen, wenn der Züchter bereit ist, Videos und Bilder zu teilen. Wenn du die Welpen endlich persönlich sehen darfst, beachte Folgendes:

- Beurteile die Gruppe der Welpen als Ganzes. Wenn die meisten oder alle Welpen aggressiv oder ängstlich sind, ist dies ein Hinweis auf ein Problem mit dem Wurf oder (wahrscheinlicher) dem Züchter. Hier sind einige rote Flaggen, wenn sie von der Mehrheit der Welpen gezeigt werden:
  - Eingezogene Schwänze
  - Zurückschrecken vor Menschen
  - Wimmern, wenn Menschen sich nähern
  - Ständiges Angreifen deiner Hände oder Füße (über das Anspringen hinaus)
- Beachte, wie gut jeder Welpe mit den anderen spielt. Dies ist ein großartiger Indikator dafür, wie gut dein Welpe auf Haustiere reagieren wird, die du bereits zu Hause hast.
- Beachte, welche Welpen dich zuerst begrüßen und welche zurückbleiben, um zu beobachten.
- Die Welpen sollten nicht fett oder untergewichtig sein, was zugegebenermaßen aufgrund ihrer dicken Mäntel schwer zu erkennen sein kann. Ein geschwollener Bauch ist im Allgemeinen ein Zeichen für Würmer oder andere gesundheitliche Probleme.
- Welpen sollten gerade, kräftige Beine haben. Gespreizte Beine können ein Zeichen dafür sein, dass etwas nicht stimmt.
- Untersuche die Ohren des Welpen auf Milben, die Ausfluss verursachen werden. Das Innere des Ohrs sollte rosa sein, nicht rot oder entzündet.
- Die Augen sollten klar und hell sein.
- Überprüfe den Mund des Welpen auf rosa, gesundaussehendes Zahnfleisch.
- Streichle den Welpen, um sein Fell auf Folgendes zu überprüfen:
  - Stelle sicher, dass sich das Fell dick und voll anfühlt. Wenn der Züchter zugelassen hat, dass das Fell verfilzt oder wirklich schmutzig wird, ist das ein Hinweis darauf, dass sie wahrscheinlich nicht richtig für die Tiere sorgen.
  - Überprüfe auf Flöhe und Milben, indem du deine Hand vom Kopf bis zum Schwanz führst, dann unter dem Schwanz (Flöhe versteck-

en sich eher unter den Schwänzen der meisten Hunde). Milben können wie Schuppen aussehen.

- Überprüfe den Hintern des Welpen auf Rötungen und Wunden und frag, ob du den letzten Stuhlgang überprüfen kannst, um sicherzustellen, dass er fest ist.

Wähle den Welpen, der die Persönlichkeitsmerkmale zeigt, die du in deinem Hund suchst. Wenn du einen vorwärtsgewandten, freundlichen, aufgeregten Hund möchtest, könnte der erste Welpe, der dich begrüßt, derjenige sein, den du suchst. Wenn du einen Hund möchtest, der die Dinge durchdenkt und andere mehr Aufmerksamkeit bekommen lässt, suche nach einem Welpen, der zurücksitzt und dich beobachtet, bevor er sich nähert.

KAPITEL 4
Die Familie vorbereiten

D ie Vorbereitung deiner Familie und deiner Haustiere auf einen Shiba Inu wird wahrscheinlich die Vorfreude steigern, während du dich auf die Ankunft dieses fuchsähnlichen Lieblings vorbereitest. Anfangs wird es die Frage geben, wer das Sagen hat, und das kann sehr frustrierend sein. Du musst dir das nicht nur selbst vor Augen halten, sondern auch sicherstellen, dass alle Familienmitglieder dies im Hinterkopf behalten. Das ist nur eine der anfänglichen Regeln, die unbedingt feststehen sollten, bevor dein Shiba Inu bei euch einzieht.

Das Budget für das erste Jahr planen

Die Versorgung eines Welpen ist viel teurer, als du vielleicht denkst. Du solltest ein Budget erstellen, weshalb es sinnvoll ist, bereits einige Monate im Voraus mit dem Kauf der Ausrüstung zu beginnen. Wenn du die benötigten Dinge kaufst, bekommst du einen Eindruck davon, wie viel du monatlich ausgeben wirst. Natürlich gibt es einige Anschaffungen, die du nur einmal tätigen musst, aber viele andere Dinge wie Futter und Leckerlis müssen regelmäßig nachgekauft werden.

Beginne mit der Budgetplanung an dem Tag, an dem du dich für einen Welpen entscheidest. Die Kosten umfassen die Anschaffungsgebühr, die für einen reinrassigen Hund typischerweise höher ist als für einen Hund aus dem Tierschutz.

Die Tierarzt- und andere Gesundheitskosten, wie regelmäßige Impfungen und eine jährliche Untersuchung, sollten in deinem Budget berücksichtigt werden.

Die folgende Tabelle kann dir helfen, dein Budget zu planen. Beachte, dass die Preise grobe Durchschnittswerte sind und je nach deinem Wohnort erheblich abweichen können.

Artikel	Überlegungen	Geschätzte Kosten
Kiste	Das sollte ein gemütlicher Ort sein, an dem der Welpe schlafen und sich ausruhen kann.	Gitterboxen: Preisbereich 60 € bis 350 € Tragbare Kiste: Preisbereich 35 € bis 200 €
Bett	Das kommt in die Hundebox.	10 € bis 55 €

Leine	Am Anfang sollte sie kurz sein, damit du deinen Welpen davon abhalten kannst, sich zu sehr aufzuregen und ans Ende einer langen Leine zu rennen.	Kurze Leine: 6 € bis 15 €
Hundekot-beutel für Spaziergänge	Wenn du in Parks spazieren gehst, ist das nicht notwendig. Für diejenigen, die nicht täglich Zugriff auf Beutel haben, ist es am besten, Packungen zu kaufen, um sicherzustellen, dass du nicht ohne Beu-tel dastehst.	Einzelne Beutel kosten weniger als 1 € pro Stück. Packun-gen: 4 € bis 16 €
Halsband	Es sollte bequem sitzen, ohne zu lock-er oder zu eng zu sein. Anfangs kann es schwierig sein, die richtige Passform zu finden, und du wirst es anpassen müssen, während dein Welpe wächst.	10 bis 30 Euro
Tags	Diese werden wahrscheinlich von dei-nem Tierarzt bereitgestellt. Finde her-aus, welche Informationen der Tierarzt auf den Marken angibt, und besorge dir alle, die nicht bereitgestellt werden. Mindestens sollte dein Shiba Inu eine Marke mit deiner Adresse haben, falls er entwischt.	Kontaktiere dein-en Tierarzt, um zu klären, ob die er-forderlichen Tollwut-marken deine Kon-taktdaten enthalten.
Welpenfutter	Das hängt davon ab, ob du das Futter für deinen Shiba Inu selbst zubereitest, ob du es kaufst oder beides. Je größer der Beutel, desto höher der Preis, aber du musst seltener nachkaufen. Am Anfang brauchst du spezielles Wel-penfutter, das du nach dem zweiten Jahr nicht mehr benötigst. Hundefut-ter für erwachsene Hunde ist teurer, daher solltest du mit höheren Kosten rechnen, wenn dein Welpe erwachsen wird.	9 € bis 90 € pro Beutel
Wasser- und Futternäpfe	Diese sollten im Bereich des Welpen aufbewahrt werden. Hast du ande-re Hunde, brauchst du separate Fut-ternäpfe für den Welpen. Sollte dein Welpe ein begeisterter Kauer sein, überlege, eine Edelstahlschüssel zu besorgen.	10 € bis 40 €

Zahnbürste/ Zahnpasta	Du musst regelmäßig seine Zähne putzen, also plane ein, im ersten Jahr mehr als eine Zahnbürste zu kaufen.	2,50 € bis 14 €
Bürste	Shiba Inu-Felle sind relativ pflegeleicht, aber du solltest sie trotzdem regelmäßig bürsten. Bei Welpen ist das Bürsten eine tolle Möglichkeit, eine Bindung aufzubauen.	3,50 € bis 20 €
Spielzeug	Du willst deinem Welpen auf jeden Fall Spielzeug besorgen, und dabei auch an widerstandsfähige Spielzeuge für kräftigere Kauer denken, selbst wenn dein Welpe sie schnell zerstört. Auch als erwachsener Hund freut sich dein Shiba Inu über neues Spielzeug (Kosten für Spielzeug für erwachsene Hunde nicht enthalten).	2,00 € Spielzeugpakete kosten zwischen 10 € und 20 € (langfristig einfacher, da dein Welpe Spielzeuge schnell zerkaut)
Trainingsleckerlis	Du wirst sie von Anfang an brauchen und wahrscheinlich nicht je nach Alter deines Shiba Inu wechseln müssen; allerdings könntest du die Leckerlis wechseln müssen, um das Interesse deines Hundes zu erhalten.	4,50 € bis 15 €

Der Größenunterschied zwischen dem Welpen und einem erwachsenen Hund ist nicht erheblich, daher brauchst du keine zwei verschiedenen Boxen oder andere Ausrüstungsgegenstände. Du musst jedoch einige der Haustierartikel anpassen, wie zum Beispiel das Halsband.

Kinder anleiten

Du möchtest, dass sich dein Welpe von Anfang an wohlfühlt, was bedeutet, dass deine Kinder vorsichtig und sanft mit dem Hund umgehen müssen, egal ob du einen Welpen oder einen erwachsenen Hund adoptieren möchtest. Diese Rasse sieht absolut niedlich aus, und manche Kinder könnten versucht sein, sie wie ein Spielzeug oder ein Kuscheltier zu behandeln, was für deinen Hund – besonders wenn du einen Welpen hast – schädlich sein könnte. Du musst sicherstellen, dass deine Kinder von Anfang an alle Regeln befolgen, damit sich dein Welpe in eurem Zuhause sicher und glücklich fühlt.

Wiederhole die folgenden Regeln regelmäßig, sowohl vor der Ankunft des Welpen als auch danach. Ältere Teenager werden wahrschein-

Foto Von
Pervie Villareal

lich mit dem Welpen helfen könnwn, aber jüngere Teenager und Kinder sollten in den ersten Monaten nicht allein mit dem Welpen gelassen werden. Denke daran, dass du sehr konsequent sein musst, um sicherzustellen, dass der Welpe nicht verletzt oder verängstigt wird.

Die folgenden fünf goldenen Regeln sollten deine Kinder von der allerersten Begegnung an befolgen.

1. Sei immer sanft und respektvoll.

2. Störe den Welpen nicht während der Fütterung.

3. Fangspiele sind nur draußen erlaubt.

4. Spiele kein Zerrspiel, bis der Welpe ausgebildet ist.

5. Der Shiba Inu sollte immer fest auf dem Boden bleiben.

6. Alle Wertsachen sollten außerhalb der Reichweite des Welpen aufbewahrt werden.

Da deine Kinder nach dem Warum fragen werden, hier sind die Erklärungen, die du ihnen geben kannst. Du kannst sie für jüngere Kinder vereinfachen oder mit Teenagern einen Dialog beginnen.

Sei immer sanft und respektvoll

Kleine Shiba Inu Welpen sind sehr niedlich und kuschelig, aber sie sind auch zerbrechlicher, als ihr robustes Aussehen vermuten lässt. Zu keinem Zeitpunkt sollte jemand grob mit dem Welpen (oder einem erwachsenen Shiba Inu) spielen. Es ist wichtig, deinen Welpen zu respektieren, damit er auch lernt, Menschen und andere Tiere zu respektieren.

Diese Regel muss konsequent jedes Mal angewendet werden, wenn deine Kinder mit dem Welpen spielen. Sei streng, wenn du siehst, dass deine Kinder zu aufgeregt oder grob werden. Du möchtest auch nicht, dass der Welpe zu aufgeregt wird, weil er sonst jemanden anknabbern oder beißen könnte. Wenn er das tut, ist es nicht seine Schuld, weil er es noch nicht besser weiß – es ist die Schuld des Kindes. Stelle sicher, dass deine Kinder die möglichen Folgen verstehen, wenn sie zu grob werden.

Fütterungszeit

Bei Shiba Inu,, wie fast jede Rasse, kann es sein, dass sie ihr Futter beschützen, besonders wenn du einen Hund aus dem Tierschutz aufnimmst, der zuvor für sich selbst sorgen musste. Selbst wenn du

Foto Von
Inger Lise Fløtten

einen Welpen hast, möchtest du nicht, dass er sich unsicher bezüglich seines Futters fühlt, denn das wird ihm beibringen, beim Fressen aggressiv zu sein, was offensichtlich nicht fair gegenüber deinem Shiba Inu ist. Erspare dir, deiner Familie und deinem Shiba Inu Ärger, indem du sicherstellst, dass jeder weiß, dass die Essenszeit die Zeit deines Shiba Inu allein ist. Bringe deinen Kindern ebenso bei, dass ihre eigene Essenszeit für den Welpen tabu ist. Kein Füttern vom Tisch.

Fangspiele

Stelle sicher, dass deine Kinder verstehen, warum ein Fangspiel draußen in Ordnung ist (obwohl du es überwachen musst), aber innerhalb des Hauses das Spiel verboten ist.

Das Rennen im Haus vermittelt deinem Shiba Inu Welpen den Eindruck, dass euer Zuhause innen nicht sicher ist, weil er gejagt wird. Und es bringt deinem Welpen bei, dass Rennen in Innenräumen in Ordnung ist, was sehr gefährlich sein kann, wenn der Hund älter und größer wird. Eines der letzten Dinge, die du möchtest, ist, dass dein Shiba Inu durch dein Haus stürmt und Menschen umwirft, weil es für ihn in Ordnung war, im Haus zu rennen, als er ein Welpe war.

Zerren

Zerrspiele sind Spiele, die immer warten sollten, bis Welpen jeder Rasse darauf trainiert sind, auf dich zu hören. Von Spielzeug bis hin zu Decken und Kissen – dein Welpe wird Zerrspiele spielen wollen. Aber zuerst musst du festlegen, was ein Spiel ist und was nicht. Sende keine gemischten Signale an den Welpen. Wenn du das Spiel zu früh spielst, wird es deinen Hund ermutigen, dich herauszufordern. Bei einer eigensinnigen Rasse wie dem Shiba Inu möchtest du dem Welpen nicht die falsche Vorstellung vermitteln. Es ist am besten, zu warten, bis der Hund richtig ausgebildet wurde, bevor du dich auf dieses spezielle Spiel einlässt.

Pfoten auf dem Boden

Dies ist eine Regel, die wahrscheinlich eine gute Erklärung für deine Kinder erfordert, da Shiba Inu sehr wie Spielzeuge aussehen, besonders Shiba Inu Welpen. Niemand sollte den Welpen vom Boden hochheben. Du möchtest vielleicht dein neues Familienmitglied herumtragen oder mit dem Welpen wie mit einem Baby spielen, aber du und deine Fami-

Foto Von
Brooke Steinbach

lie müssen diesem Drang widerstehen. Besonders Kinder haben Schwierigkeiten, das zu verstehen, da sie den Shiba Inu Welpen eher als Spielzeug denn als lebendes Wesen sehen. Je jünger deine Kinder sind, desto schwieriger wird es für sie sein, den Unterschied zu verstehen. Es ist so verlockend, den Shiba Inu wie ein Baby zu behandeln und zu versuchen, ihn wie eines zu tragen, aber das ist unglaublich unangenehm und ungesund für den Welpen. Ältere Kinder werden schnell lernen, dass ein Welpenknabbern oder -biss viel mehr wehtut, als man denken würde. Diese kleinen Zähne sind ziemlich scharf, und du möchtest nicht, dass der Welpe fallen gelassen wird. Wenn deine Kinder lernen, den Welpen niemals hochzuheben, werden die Dinge viel besser laufen. Denke daran, dass dies auch für dich gilt, also mache die Dinge nicht schwieriger, indem du etwas tust, was du deinen Kindern ständig verbietest.

Wertsachen außer Reichweite halten

Wertsachen sind nichts, was im Maul des Welpen landen sollte, sei es Spielzeug, Schmuck oder Schuhe. Deine Kinder werden weniger als glücklich sein, wenn ihre persönlichen Besitztümer von einem neugierigen Welpen zerkaut werden, also bringe ihnen bei, Spielzeug, Kleidung und andere Wertsachen weit außerhalb der Reichweite des Welpen zu halten.

Deine aktuellen Hunde vorbereiten

Shiba Inu neigen dazu, dominant zu sein. Wenn sie Welpen sind, hast du die Chance, sie mit deinen anderen Hunden zu sozialisieren, damit sie die Hierarchie so früh wie möglich kennen. Du musst die Hierarchie nicht festlegen, aber du musst sicherstellen, dass sich alle wohlfühlen und wissen, wo sie im Rudel stehen. Das bedeutet, wenn du bereits Hunde in deinem Zuhause hast, müssen sie auf die Neuankunft vorbereitet werden.

Hier sind die wichtigen Aufgaben, um deine aktuellen Haustiere auf den Neuankömmling vorzubereiten.

- Erstelle einen Zeitplan für die Aktivitäten, die du durchführen musst, und die Personen, die teilnehmen müssen.
- Bewahre die Lieblingsplätze und Möbel deiner aktuellen Hunde und stelle sicher, dass ihre Spielzeuge und Gegenstände nicht im Bereich des Welpen sind.

- Veranstalte Spieltreffen bei dir zu Hause und analysiere deine Hunde, um zu sehen, wie sie auf einen Neuzugang reagieren.

Foto Von
Sophie Riggs

Halte dich an einen Zeitplan

Offensichtlich wird der Welpe viel Aufmerksamkeit bekommen, also musst du dich bewusst bemühen, deinem aktuellen Hund zu zeigen, dass du ihn immer noch liebst und dich um ihn kümmerst. Plane eine bestimmte Zeit in deinem Zeitplan nur für deinen aktuellen Hund oder deine Hunde ein und stelle sicher, dass du nach der Ankunft des Welpen nicht von diesem Zeitplan abweichst.

Stelle sicher, dass du planst, mindestens einen Erwachsenen für jeden deiner Hunde zu haben. Katzen sind in der Regel weniger besorgniserregend, aber du möchtest wahrscheinlich mindestens einen anderen Erwachsenen in der Nähe haben, wenn der Welpe nach Hause kommt. Wir werden später genauer darauf eingehen, welche Rollen die anderen Erwachsenen spielen werden, aber für jetzt, wenn du weißt, an welchem Datum du deinen Welpen nach Hause bringen wirst, stelle sicher, dass du zusätzliche Erwachsene hast, die helfen können. Du musst sie möglicherweise erinnern, wenn die Zeit näher rückt, also stelle einen Alarm auf deinem Handy ein, sowie das Datum, die Uhrzeit und die Abholinformationen für deinen Welpen.

Ein Vorteil, wenn du bereits vor der Ankunft deines Shiba Inu Welpen einen Zeitplan für deine anderen Hunde hast, ist, dass es dann einfach sein wird, einen Zeitplan mit dem Welpen einzuhalten. Shiba Inu lieben es zu wissen, was sie erwartet, zumindest am Anfang. Dies kann sich ändern, wenn sie älter werden, da diese Rasse gerne ein gutes Maß an Unabhängigkeit hat, ähnlich wie eine Katze.

Dein Welpe wird in seinem zugewiesenen Bereich fressen, schlafen und den größten Teil des Tages und der Nacht verbringen. Das bedeutet, dass der Bereich deinen aktuellen Hund nicht von seinen Lieblingsmöbeln, seinem Bett oder einem Ort, an dem er sich im Laufe des Tages ausruht, blockieren darf. Nichts von den Sachen deines aktuellen Hundes sollte in diesem Bereich sein, und dazu gehören auch Spielzeuge. Du möchtest nicht, dass dein Hund das Gefühl hat, dass der Welpe sein Territorium übernimmt. Stelle sicher, dass deine Kinder verstehen, niemals die Sachen deines aktuellen Hundes in den Bereich des Welpen zu legen.

Dein Hund und der Welpe müssen in den ersten Tagen getrennt gehalten werden (auch wenn sie freundlich erscheinen), bis dein Welpe mit den Impfungen fertig ist. Welpen sind in diesen Tagen anfälliger für Krankheiten, also warte, bis der Welpe geschützt ist, bevor die Hunde Zeit miteinander verbringen. Wenn du den Welpen in seinem Welpenbereich lässt, werden sie während dieser kritischen Zeit getrennt bleiben.

Deinem Hund bei der Vorbereitung helfen – zusätzliche Spieltreffen zu Hause

Hier sind Dinge, die deinem Hund am besten helfen, sich auf die Ankunft deines Welpen vorzubereiten.

- Denke über die Persönlichkeit deines Hundes nach, um zu entscheiden, wie du dich am besten auf den ersten Tag, die erste Woche und den ersten Monat vorbereiten kannst. Jeder Hund ist einzigartig, daher musst du die Persönlichkeit deines Hundes berücksichtigen, um zu bestimmen, wie die Dinge ablaufen werden, wenn der neue Hund ankommt. Wenn dein aktueller Hund andere Hunde liebt, wird dies wahrscheinlich auch zutreffen, wenn der Welpe auftaucht. Wenn dein Hund territoriale Tendenzen hat, musst du bei der Einführung und den ersten Monaten vorsichtig sein, damit dein aktueller Hund lernt, dass der Shiba Inu jetzt ein Teil des Rudels ist. Aufgeregte Hunde brauchen besondere Aufmerksamkeit, um zu verhindern, dass sie sich übermäßig aufregen, wenn ein neuer Hund nach Hause kommt. Du möchtest nicht, dass sie so aufgeregt sind, dass sie den kleinen Shiba Inu versehentlich verletzen.

- Überlege, wie dein aktueller Hund reagiert hat, wenn du andere Hunde in deinem Zuhause hattest. Wenn dein Hund territoriale Tendenzen gezeigt hat, solltest du besonders vorsichtig sein, wie du deinen neuen Welpen vorstellst. Wenn du noch nie einen anderen Hund zu dir nach Hause eingeladen hast, veranstalte ein paar Spieltreffen mit anderen Hunden bei dir zu Hause, bevor dein neuer Shiba Inu Welpe ankommt. Du musst wissen, wie deine aktuellen pelzigen Babys auf neue Hunde im Haus reagieren werden, damit du dich richtig vorbereiten kannst. Einen Hund zu Hause zu treffen ist ganz anders, als einen außerhalb des Hauses zu treffen.

- Denke über die Interaktionen deines Hundes mit anderen Hunden nach, solange du den Welpen kennst. Hat dein Hund schützendes oder besitzergreifendes Verhalten gezeigt, entweder dir oder anderen gegenüber? Futter ist einer der Gründe, warum Hunde Aggression zeigen, weil sie nicht wollen, dass jemand versucht zu essen, was ihnen gehört. Manche Hunde können auch Menschen und Spielzeug beschützen.

Die gleichen Regeln gelten, egal wie viele Hunde du hast. Denke über die Persönlichkeiten aller als Individuen nach, sowie darüber, wie sie miteinander interagieren. Genau wie bei Menschen wirst du vielleicht feststellen, dass deine Hunde sich anders verhalten, wenn sie zusammen sind, was du bedenken solltest, wenn du ihre erste Begegnung planst.

Lies in Kapitel 8 über die Planung, wie du deine aktuellen Hunde und deinen neuen Welpen vorstellst und wie du einen neuen Welpen und deine aktuellen Haustiere unter einen Hut bringst.

Mit Katzen verträglich, aber nicht mit anderen Kleintieren zu trauen

„Shibas sind NICHT für Haushalte mit Kaninchen, Gerbils, Hamstern, Vögeln usw. zu empfehlen - sie haben einen sehr starken Jagdtrieb."

Susan Norris-Jones
SunJo Shiba Inu & Japanischer Chin

Shiba Inu sind unglaublich intelligent, was bedeutet, dass sie lernen können, wer ein Familienmitglied ist und wer nicht. Da Katzen eindeutig einen Platz in der Familie haben (die meisten Shiba Inu werden das schnell erkennen), wird deine Hauptsorge darin bestehen, sicherzustellen, dass dein Shiba Inu und deine Katzen miteinander auskommen. Sie alle wollen unabhängig sein, aber der Shiba Inu will auch der Chef sein. Es kann am Anfang einige Streitigkeiten geben, aber die meisten Shiba Inu sind nicht sehr daran interessiert, Katzen zu jagen.

Andere Arten von Haustieren können bei einem Shiba Inu riskant sein. Dies ist ein Hund, der clever ist und tausende Jahre Training im Jagen kleiner Tiere hat. Der Instinkt ist heute nicht mehr ganz so ausgeprägt, sodass Haustiere wie Vögel und Fische nicht wirklich gefährdet sind. Einige der exotischeren Haustierarten wie Nagetiere und Frettchen könnten in den ersten Tagen für deinen Shiba Inu eine Quelle extremen

Foto Von
Karolina Bialkowska

Interesses sein. Es sollte nicht lange dauern, bis dein neuer Hund lernt, sie zu ignorieren. Bei Spaziergängen draußen könnte es jedoch anders sein. Eichhörnchen und andere kleine Tiere, die draußen frei herumlaufen, werden wahrscheinlich zumindest die Aufmerksamkeit deines Shiba Inu auf sich ziehen, wenn nicht sogar den Wunsch wecken, sie zu jagen.

KAPITEL 5
Dein Zuhause vorbereiten

„Sie leben dafür, durch die Haustür zu flitzen und können sehr schnell rennen. Achte unbedingt darauf, sie im Auge zu behalten, wenn die Haustür geöffnet wird."

Vicki DeBerry
DeBerry Shiba Inu

Shiba Inu Welpen sind so niedlich, weil sie wie energiegeladene kleine Fellknäuel aussehen. Das kann Menschen in eine falsche Sicherheit wiegen, denn sie erkennen nicht, wie viel Unfug diese entzükkenden kleinen Welpen anstellen können, besonders wenn das neue Zuhause nicht richtig auf den Welpen vorbereitet ist. Da die Hunde als Welpen recht klein sind, müssen Besitzer sehr vorsichtig sein und alles si-

Foto Von
Brooke Steinbach

Foto Von
Jerry Simek

chern, womit der Welpe in Berührung kommen könnte, wie zum Beispiel Schränke. Als äußerst intelligenter Hund wird dein Shiba Inu neugierig sein und versuchen, in Schränke, niedrige Mülleimer und andere Dinge in deinem Zuhause zu gelangen, die er leicht öffnen kann. Die Vorbereitung deines Zuhauses auf einen Welpen, der klein genug ist, um in enge Räume zu gelangen – besonders solche, von denen du denkst, sie seien verschlossen – ist eine besondere Herausforderung für Shiba Inu-Eltern. Das bedeutet, dass du dir Zeit nehmen musst, dein Zuhause vor der Ankunft des Welpen vorzubereiten.

In der Woche vor der Ankunft deines Welpen solltest du zahlreiche Kontrollen durchführen, um sicherzustellen, dass dein Zuhause für das neue Familienmitglied sicher ist. Wenn du dafür sorgst, dass dein neuer Shiba Inu einen sicheren Platz mit allem Notwendigen (einschließlich Spielzeug) hat, wird die Ankunft deines neuesten Familienzuwachses für alle eine großartige Zeit – besonders für deinen neuen vierbeinigen Begleiter.

Selbst wenn du einen erwachsenen Shiba Inu nach Hause bringst, musst du dich auf die Ankunft eines unglaublich eigensinnigen Kleinkinds vorbereiten, das an Orte gelangen kann, die du für unmöglich gehalten hättest. Shiba Inu müssen lernen, dass du die Kontrolle hast, was bedeutet, dass du ihren Respekt gewinnen musst, bevor sie auf dich hören werden, und selbst dann werden sie vielleicht nicht immer hören, wenn sie nicht in der Stimmung dazu sind. Wenn dein Hund noch nicht gelernt hat, kein Essen zu klauen, nicht auf Möbel zu klettern oder welche anderen Einschränkungen du auch immer in deinem Zuhause eingeführt hast, wirst du bei der Erziehung deines neuen Freundes alle Hände voll zu tun haben. Die hundesichere Gestaltung deines Zuhauses wird dir helfen, deinen Hund zu schützen, während er lernt, auf dich zu hören.

Einen sicheren Platz für deinen Hund oder Welpen schaffen

Dein Welpe wird einen eigenen Bereich brauchen, der eine Box (mehr Informationen dazu im nächsten Abschnitt), Futter- und Wassernäpfe, Welpenunterlagen und Spielzeug enthält. All diese Dinge sollten sich in dem Bereich befinden, in dem der Welpe sein wird, wenn du ihm nicht deine volle Aufmerksamkeit widmen kannst. Der Welpenbereich sollte sicher und abgegrenzt sein, sodass der Welpe nicht herauskommen kann und kleine Kinder und andere Hunde nicht hineinkommen können. Es sollte ein sicherer Ort sein, von dem aus der Welpe dich bei deinen üblichen Tätigkeiten beobachten und sich wohlfühlen kann.

Foto Von
Aldric Manrique

*Foto Von
Brooke Steinbach*

Boxen und Boxentraining

Das Boxentraining eines Shiba Inu Welpen kann aufgrund ihrer Intelligenz und ihres Wunsches nach Sauberkeit einfacher sein als bei den meisten anderen Rassen. Wenn sie jung sind, hören sie eher auf dich, solange du konsequent und bestimmt bist. Das bedeutet, dass die Box und das Bettzeug des Welpen bereits eingerichtet sein sollten, bevor dein Welpe ankommt.

Die Box deines Shiba Inu muss bequem sein. Behandle die Box niemals wie ein Gefängnis für deinen Welpen. Dein Shiba Inu sollte die Box niemals mit Bestrafung in Verbindung bringen – sie soll ein sicherer Zufluchtsort nach Überstimulation oder zum Schlafen sein. Stelle sicher, dass dein Hund die Box niemals mit Bestrafung oder negativen Emotionen verbindet. Die Box sollte verstellbar sein, damit du sie etwas vergrößern kannst, wenn dein Welpe wächst. Du kannst deinem Welpen in der Anfangszeit auch eine Transportbox besorgen, um Tierarztbesuche zu erleichtern. Diese Box wird nicht mehr funktionieren, wenn dein Shiba Inu erwachsen ist (als Erwachsener kannst du deinen Shiba einfach an der Leine in die Tierarztpraxis führen), aber die Transportbox bietet genügend Platz für einen Welpen.

Wie in einem früheren Kapitel erwähnt, kannst du die Box zur Unterstützung bei der Stubenreinheit verwenden. Obwohl sie in der Regel leicht stubenrein werden, möchtest du vielleicht eine Welpenunterlage im Welpenbereich haben, so weit wie möglich von der Box entfernt. Dies gibt deinem Welpen einen Platz, um bei schlechtem Wetter sein Geschäft zu verrichten. Erkundige dich beim Züchter, ob der Welpe bereits mit der Stubenreinheit begonnen hat. Wenn der Welpe bereits Fortschritte macht, möchtest du vielleicht keine Welpenunterlage hinzufügen.

Vorräte und Hilfsmittel kaufen und vorbereiten

Die Planung für die Ankunft deines Welpen bedeutet, viele Vorräte im Voraus zu kaufen. Die Liste ist länger als die meisten Menschen denken, also nimm dir etwas Zeit, um wirklich zu überlegen, was du basierend auf deinem Zuhause und deinen Umständen benötigen wirst. Wenn du mit dem Kauf beginnst, sobald du den Züchter gefunden hast, kannst du deine Ausgaben über einen längeren Zeitraum verteilen. Das wird es viel weniger teuer erscheinen lassen, als es tatsächlich ist. Die folgenden Dinge solltest du vor der Ankunft deines neuen Hundes gekauft haben:

- Box
- Bett
- Leine
- Kotbeutel für das Gassigehen
- Halsband
- Hundemarken
- Welpenfutter
- Wasser- und Futternäpfe (ein gemeinsamer Wassernapf ist in der Regel in Ordnung, aber dein Welpe braucht seinen eigenen Futternapf, wenn du mehrere Hunde hast)
- Zahnbürste/Zahnpasta
- Bürste
- Spielzeug
- Trainingsbelohnungen

Sprich mit deinem Tierarzt, bevor du Medikamente kaufst, einschließlich Flohbehandlungen.

Das Haus welpensicher machen

„Behandle deinen neuen Shiba wie ein Kleinkind. Achte darauf, dass alle Kabel, kleine Gegenstände und Lebensmittel außer Reichweite sind, damit sie nicht daran kauen können."

Jan Hill
Dark Knight Shibas

Die Vorbereitung auf die Ankunft eines Welpen ist zeitaufwendig, und alle gefährlichen Räume und Gegenstände in deinem Zuhause werden für deinen Welpen genauso gefährlich sein wie für ein Baby. Der größte Unterschied besteht darin, dass dein Shiba Inu viel schneller mobil sein wird als ein Kind. Er wird möglicherweise fast sofort in gefährliche Situationen geraten, wenn du nicht alle Gefahren vor seiner Ankunft in deinem Zuhause beseitigst. Die Intelligenz deines Welpen bedeutet, dass du dein Zuhause für ein Kleinkind welpensicher machen musst, denn ein Shiba Inu kann herausfinden, wie man an Dinge herankommt, genau wie kleine Kinder.

Beachte, dass Welpen versuchen werden, praktisch alles zu fressen, auch wenn es kein Futter ist. Nichts ist sicher – nicht einmal deine Möbel. Sie werden an Holz und Metall nagen. Alles in ihrer Reichweite wird als Freiwild betrachtet. Denke daran, wenn du dein Zuhause welpensicher machst.

Gefahren im Haus und Lösungen

Dieser Abschnitt beschreibt die Bereiche in deinem Zuhause, auf die du deine Aufmerksamkeit richten solltest. Für den Fall von Problemen solltest du die Telefonnummer deines Tierarztes am Kühlschrank und in mindestens einem weiteren Raum im Haus anbringen. Wenn du das einrichtest, bevor dein Welpe ankommt, wirst du es zur Hand haben, wenn du es brauchst. Selbst wenn du die Telefonnummer des Tierarztes in dein Handy programmierst, könnte ein anderes Familienmitglied oder jemand, der auf deinen Shiba Inu aufpasst, sie trotzdem benötigen.

Shiba Inu können in fast alles gelangen, was auf ihrer Höhe ist, und sie werden viel erkunden, wenn sie die Gelegenheit dazu bekommen. So intelligent wie diese Rasse ist, ist es am besten, zu überschätzen, was dein Welpe tun kann, und dich entsprechend vorzubereiten. Geh in die Hocke und betrachte jeden Raum aus der Perspektive deines Shiba Inu.

Foto Von
Caitlin Rubinstein

Du wirst mit ziemlicher Sicherheit mindestens eine Sache finden, die du übersehen hast.

Gefahren	Lösungen	Zeitaufwand
Küche		
Gifte	In gesicherten, kindersicheren Schränken oder auf hohen Regalen aufbewahren	30 min
Mülleimer	Einen verschließbaren Mülleimer verwenden oder an einem sicheren Ort aufbewahren	10 min
Elektrogeräte	Alle Kabel außer Reichweite halten	15 min
Menschenessen	Außer Reichweite halten	Ständig (beginne, es zur Gewohnheit zu machen)
Fußböden		
Rutschige Oberflächen	Lege Teppiche oder spezielle Matten aus, die am Boden haften	30 Min – 1 Stunde
Trainingsbereich	Trainiere auf rutschfesten Untergründen	Konstant
Badezimmer		
Toilettenbürste	Entweder eine mit Verschluss oder außer Reichweite halten	5 Min./ Badezimmer
Gifte	In gesicherten, kindersicheren Schränken oder auf hohen Regalen aufbewahren	15 - 30 Min./ Badezimmer
Toiletten	Deckel geschlossen halten	Keine automatischen WC-Reiniger verwenden
Ständig (zur Gewohnheit machen)	Schränke	Mit kindersicheren Verschlüssen verriegeln
Waschküche		
Kleidung	Saubere und schmutzige Kleidung vom Boden und außerhalb der Reichweite aufbewahren	15 – 30 Min.
Gifte (Bleichmittel, Pods/Waschmittel, Trocknertücher und verschiedene Gifte)	In gesicherten, kindersicheren Schränken oder auf hohen Regalen aufbewahren	15 Min.

Rund ums Zuhause

Pflanzen	Vom Boden fernhalten	45 Min – 1 Stunde
Mülleimer	Abschließbaren Mülleimer verwenden oder an einem sicheren Ort aufbewahren	30 Min
Elektrokabel, Jalousieschnüre	Verstecke sie oder sorge dafür, dass sie außer Reichweite sind; achte besonders auf Unterhaltungs- und Computerbereiche	1,5 Stunden
Gifte	Stelle sicher, dass keine vorhanden sind (WD40, Fenster-/Bildschirmreiniger, Teppichreiniger, Lufterfrischer); alle Gifte an einem zentralen, verschlossenen Ort aufbewahren	1 Stunde
Fenster	Überprüfe, dass alle Schnüre in allen Räumen außer Reichweite sind	1 – 2 Stunden
Kamine	Reinigungsmittel und Werkzeuge so verstauen, dass der Welpe nicht drankommt. Öffnung des Kamins mit etwas abdecken, was der Welpe nicht umwerfen kann	10 Min/Kamin
Treppen	Absperren, damit der Welpe nicht hoch- oder runterlaufen kann; Welpengitter testen	10 – 15 Min
Couchtische/ Beistelltische/ Nachttische	Von gefährlichen Gegenständen (z.B. Scheren, Nähzeug, Stifte) und Wertsachen befreien	30 – 45 Min

Wenn du eine Katze hast, halte die Katzentoilette vom Boden fern. Sie muss sich an einem Ort befinden, den deine Katze leicht erreichen kann, dein Shiba Inu jedoch nicht. Da dies bedeutet, dass du deiner Katze beibringen musst, den neuen Bereich zu nutzen, solltest du dies rechtzeitig vor der Ankunft des Welpen tun. Du möchtest nicht, dass deine Katze zu viele bedeutende Veränderungen auf einmal erlebt. Der Welpe wird Störung genug sein – wenn deine Katze die Veränderung mit dem Welpen in Verbindung bringt, könnte sie protestieren, indem sie sich weigert, die Katzentoilette zu benutzen.

Gefahren im Freien und Lösungen

Dieser Abschnitt beschreibt die Dinge außerhalb deines Zuhauses, die vor der Ankunft deines Welpen deine Aufmerksamkeit benötigen. Hänge auch die Telefonnummer des Tierarztes in einem der geschützten Bereiche auf, falls es zu einem Notfall kommt.

Gefahren	Lösungen	Zeitaufwand
Garage		
Gifte	In gesicherten, kindersicheren Schränken oder auf hohen Regalen aufbewahren (z.B. Autochemikalien, Reinigungsmittel, Farbe, Gartenpflege) – dazu gehört auch Dünger	1 Stunde
Mülleimer	An einem sicheren Ort aufbewahren	5 Min
Werkzeuge (z.B. Garten-, Auto-, Handwerks-, Elektrowerkzeuge)	Alle Kabel außer Reichweite: Außer Reichweite halten und niemals über Kanten hängen lassen	30 Min – 1 Stunde
Ausrüstung (z.B. Sport, Angeln)	Außer Reichweite halten und niemals über Kanten hängen lassen	Ständig (Gewohnheit entwickeln)
Scharfe Gegenstände	Außer Reichweite halten und niemals über Kanten hängen lassen	30 Min
Fahrräder	Vom Boden weg oder an einem Ort aufbewahren, wo der Shiba Inu nicht hinkommt (um das Beißen der Reifen zu verhindern)	20 Min
Einfriedung (Kann Gleichzeitig Erfolgen)		
Breaks	Repariere alle Schäden im Zaun. Shiba Inu sind Ausbruchskünstler, also sorge dafür, dass sie nicht leicht aus deinem Garten entkommen können.	30 Min. - 1 Stunde
Lücken	Schließe alle Lücken, auch wenn sie absichtlich sind, damit dein Shiba Inu nicht ausbüxt	30 Min. - 1 Stunde
Löcher/Senken am Boden	Fülle alle Bereiche, unter denen leicht gekrochen werden kann	1 – 2 Stunden

Garten		
Gifte	Lass keine Gifte im Garten liegen	1 – 2 Stunden
Pflanzen	Stelle sicher, dass alle niedrigen Pflanzen für Hunde ungiftig sind; schließe alles ein, was giftig ist (wie Weinreben)	45 Min – 1 Stunde
Werkzeuge (z.B. Rasenpflege- und Gartengeräte)	Achte darauf, dass sie außer Reichweite sind; nichts sollte über Außentischen hängen	30 Min – 1 Stunde

Lasse deinen Shiba Inu niemals allein in der Garage, auch nicht als Erwachsenen. Es ist wahrscheinlich, dass dein Welpe in der Garage sein wird, wenn du Autofahrten unternimmst, weshalb es wichtig ist, sie welpensicher zu machen. Du solltest den Hund immer im Auge behalten, aber du kannst offensichtlich nicht unter das Auto klettern und wirst Schwierigkeiten haben, in kleinere Räume zu gelangen, wenn dein Shiba Inu ausbricht, um zu erkunden.

Shiba Inu sind Ausbruchskünstler und werden viele neue und einfallsreiche Wege finden, um zu entkommen. Mach es ihnen nicht leicht; kümmere dich um alle Risse, Lücken und Schäden am Zaun, damit dein Hund durch keine Öffnung gelangen kann, die groß genug ist, um aus deinem Garten zu entkommen.

Genau wie im Inneren musst du deine Vorbereitungen im Freien abschließen, indem du in die Hocke gehst und alle Bereiche aus der Perspektive eines Welpen überprüfst. Auch hier wirst du mit ziemlicher Sicherheit mindestens eine Sache finden, die du übersehen hast.

KAPITEL 6

Gesundheitsvorsorge für deinen Shiba Inu

Seit die Rasse vor dem Aussterben bewahrt wurde, wird deutlich mehr Vorsicht walten gelassen, um sicherzustellen, dass der Shiba Inu von genetischen Krankheiten weitgehend verschont bleibt. Allerdings beeinflusst auch deine Aufzucht und Haltung des Welpen oder erwachsenen Hundes seine Gesundheit maßgeblich. Mindestens ein halbstündiger Spaziergang pro Tag wird empfohlen, aber diese Rasse kann durchaus mehr als eine Stunde Bewegung vertragen, wenn du ein Naturliebhaber bist. Wenn du lieber zu Hause entspannst, reicht ein 30-minütiger Spaziergang einmal täglich. In den Kapiteln 16 und 17 findest du ausführliche Informationen zu genetischen Problemen und allgemeinen Gesundheitsthemen für Shiba Inus jeden Alters.

Die Wahl deines Tierarztes

Beginne mit der Suche nach einem Tierarzt für deinen Shiba Inu, noch bevor du einen Züchter auswählst. Du solltest deinen Tierarzt bereits ausgesucht haben, bevor du deinen Hund nach Hause holst. Egal ob du einen Welpen oder einen erwachsenen Hund bekommst, du solltest ihn innerhalb von 48 Stunden (24 Stunden werden dringend empfohlen) nach seiner Ankunft zum Tierarzt bringen, um sicherzustellen, dass dein Hund gesund ist. Wenn es in deiner Nähe einen Tierarzt gibt, der sich auf Shiba Inus spezialisiert hat oder bereits mit mehreren gearbeitet hat, wäre das für deinen Vierbeiner am besten. In Anbetracht des eigenwilligen Charakters des Shiba Inu brauchst du einen Tierarzt, der weiß, wie man mit einem dickköpfigen Hund umgeht. Einen Termin bei einem Tierarzt zu bekommen, kann einige Zeit dauern, besonders bei einem, der sich auf eine bestimmte Rasse spezialisiert hat – ähnlich wie bei einem Arzttermin. Du solltest deinen Tierarzt ausgewählt und den ersten Termin bereits lange vor der Ankunft deines Hundes vereinbart haben.

Hier sind einige Punkte, die du bei der Suche nach einem Tierarzt beachten solltest:

- Wie vertraut ist der Tierarzt mit Shiba Inus? Der Tierarzt muss kein Spezialist sein, aber wenn du jemanden mit Erfahrung mit dieser Hunderasse finden kannst, kann er dir helfen zu verstehen, was dich in den verschiedenen Lebensphasen deines Hundes erwartet. Bei eigensinnigen, unabhängigen Rassen wie dem Shiba Inu, die nicht immer tun wollen, was man ihnen sagt, kann der Termin länger dauern. Wenn du einen Tierarzt findest, der weiß, wie man deinen Shiba Inu zum Mitmachen überredet, wird es für alle Beteiligten eine bessere Erfahrung sein.

Foto Von
Ashley Antill

Foto Von
Sandy Li

- Wie weit ist der Tierarzt von deinem Zuhause entfernt? Der Tierarzt sollte nicht mehr als 30 Minuten entfernt sein, falls ein Notfall eintritt.

- Ist der Tierarzt auch außerhalb der Sprechzeiten für Notfälle erreichbar oder kann er einen Tierarzt für Notfälle empfehlen?

- Ist der Tierarzt Teil einer örtlichen Tierklinik, falls nötig, oder überweist er Patienten an eine lokale Tierklinik?

- Ist der Tierarzt allein tätig oder Teil einer Gemeinschaftspraxis? Wenn er oder sie in einer Gemeinschaftspraxis arbeitet, kannst du bei Praxisbesuchen bei einem bestimmten Tierarzt bleiben?

- Wie werden Termine vereinbart?

- Kannst du dort auch andere Dienstleistungen in Anspruch nehmen, wie Fellpflege und Unterbringung?

- Ist der Tierarzt zertifiziert?

- Wie hoch sind die Kosten für den ersten Besuch und die üblichen Leistungen wie Impfungen und regelmäßige Untersuchungen?

- Welche Tests und Untersuchungen werden beim ersten Besuch durchgeführt?

Nimm dir Zeit, den Tierarzt, den du in Betracht ziehst, zu besuchen, damit du dir ein Bild von der Umgebung in der Praxis machen kannst. Versuche, mit dem Tierarzt zu sprechen, um zu sehen, ob er oder sie bereit ist, dich zu beruhigen und deine Fragen zu beantworten. Die Zeit eines Tierarztes ist wertvoll, aber er oder sie sollte ein paar Minuten haben, um dir das Gefühl zu geben, dass er/sie die richtige Wahl ist, um sich um deinen Vierbeiner zu kümmern.

Gefährliche Lebensmittel

Hunde können rohes Fleisch fressen, ohne sich über die Probleme Gedanken machen zu müssen, die ein Mensch haben würde. Es gibt jedoch einige menschliche Lebensmittel, die für deinen Shiba Inu tödlich sein könnten. Du solltest folgende Lebensmittel von allen Hunden fernhalten:

- Apfelkerne
- Schokolade
- Kaffee
- Gekochte Knochen (sie können einen Hund töten, wenn die Knochen im Maul oder Magen des Hundes splittern)
- Maiskolben (der Kolben ist für Hunde tödlich; Maiskörner ohne Kolben sind in Ordnung)
- Weintrauben/Rosinen
- Macadamianüsse
- Zwiebeln und Schnittlauch
- Pfirsiche, Kakis und Pflaumen
- Tabak (dein Shiba Inu weiß nicht, dass es kein Futter ist und könnte es fressen, wenn es herumliegt)
- Xylit (ein Zuckerersatz in Süßigkeiten und Backwaren)
- Hefe

Neben diesen potenziell tödlichen Lebensmitteln gibt es eine lange Liste von Dingen, die dein Hund nicht fressen sollte. Das Hundemagazin hat eine umfangreiche Liste von Lebensmitteln (http://www.caninejournal.com/foods-not-to-feed-dog/), die vermieden werden sollten.

Ein gesunder Hund mit Allergien

Kapitel 16 geht näher auf die Allergien des Shiba Inu ein, aber dies ist definitiv ein Problem, auf das du deinen Shiba Inu während seines Wachstums überwachen solltest. Da diese Rasse eine Liste bekannter Allergien hat, solltest du darauf achten, wann dein Hund Anzeichen von Allergien zeigt. Von Futtermitteln mit Weizen oder Huhn bis hin zu Gräsern und Waschmitteln können Shiba Inu gegen fast so viele Dinge allergisch sein wie Menschen. Im Gegensatz zu Menschen neigen Hunde bei Allergien eher zu Juckreiz am ganzen Körper, statt zu juckenden Augen und laufenden Nasen. Auch wenn dies eher nach Hautausschlägen klingt, reagiert die Haut von Hunden auf die meisten Arten von Allergien, einschließlich Inhalationsallergien. Dies kann es schwieriger machen, das Problem zu erkennen, da Juckreiz ein Symptom für viele mögliche Probleme ist. Wenn du bemerkst, dass dein Welpe oder neuer Shiba Inu sich häufig kratzt, bring ihn zum Tierarzt, um herauszufinden, was er hat, und denk daran, dass Allergien eine mögliche Ursache sind. Glücklicherweise sind sie leicht zu behandeln, wie in einem späteren Kapitel beschrieben wird.

Photo Courtesy of
Jamie Joeyen Waldorf

KAPITEL 7
Deinen Shiba Inu nach Hause bringen

Das erste Mal, wenn du mit deinem Shiba Inu durch die Tür gehst, ist ein Gefühl, an das du dich noch Jahre später erinnern wirst. Jeder Hund passt sich unterschiedlich an, aber es ist immer interessant zu sehen, wie gerade diese Rasse auf einen neuen Ort reagiert. Die natürliche Intelligenz des Shiba Inu macht deinen Welpen wahrscheinlich neugieriger, obwohl ein geretteter erwachsener Hund bei der Erkundung eher vorsichtig sein wird. Lies unbedingt in Kapitel 8 darüber, wie du deinen erwachsenen Hund in ein Zuhause mit mehreren Haustieren einführst. Obwohl Shiba Inu in der Regel nicht aggressiv sind, können die ersten Begegnungen angespannt sein, da dein neuer Hund gerne der Chef sein möchte.

Letzte Vorbereitungen und Planung

Die meisten intelligenten Rassen benötigen in der ersten Woche und möglichst auch im ersten Monat eine ständige Präsenz. Dafür musst du vielleicht Urlaub nehmen oder zumindest die Möglichkeit aushandeln, während der ersten 24 Stunden, wenn nicht sogar 48 Stunden, von

Foto Von
Alayne Levine

Foto Von
Brooke Steinbach

zu Hause zu arbeiten. Je mehr Zeit du in den ersten Tagen investieren kannst, um deinem neuen Freund zu helfen, sich an die neue Umgebung zu gewöhnen, desto besser für dein neues Familienmitglied und desto schneller wird er sich in seiner neuen Umgebung wohlfühlen.

Im Folgenden findest du einige nützliche Checklisten, die dir bei der Vorbereitung auf deinen Welpen und für die Zeit nach seiner Ankunft in deinem Zuhause helfen.

Stelle sicher, dass du Futter und andere Vorräte zur Hand hast

Überprüfe kurz, ob du alles Notwendige hast. Wenn du basierend auf den Grundausstattungen aus Kapitel 5 eine Liste erstellt hast, hole sie am Tag vor der Ankunft deines Shiba Inu hervor und stelle sicher, dass du alles darauf Stehende besitzt. Nimm dir einen Moment Zeit, um zu überlegen, ob dir noch etwas fehlt. Das erspart dir hoffentlich, nach der Ankunft deines neuen Familienmitglieds noch hastig einkaufen gehen zu müssen.

Erstelle einen vorläufigen Welpenplan

Bereite einen vorläufigen Zeitplan vor, der dir hilft, im Laufe der Woche zu starten. Deine Tage werden bald sehr geschäftig sein, also brauchst du einen Ausgangspunkt, bevor dein Welpe ankommt. Nutze die Informationen aus „Einen Zeitplan festlegen", um zu beginnen, aber stelle sicher, dass du dies früher statt später machst. Die folgenden drei Bereiche solltest du für den Zeitplan deines Welpen festlegen:

- Fütterung
- Training (einschließlich Stubenreinheit)
- Spielen

Wenn du einen Welpen nach Hause bringst, erwartest du vielleicht die viele Energie, die du später bei deinem erwachsenen Shiba Inu sehen wirst. Allerdings brauchen Welpen jeder Rasse (egal wie aktiv sie später sein werden) viel Schlaf. Rechne damit, dass dein Welpe zwischen 18 und 20 Stunden pro Tag schläft. Ein vorhersehbarer Schlafrhythmus wird deinem Welpen helfen, gesünder aufzuwachsen.

Am Anfang wird dein Shiba Inu noch nicht sehr energiegeladen sein, daher musst du dir keine Sorgen machen, dass er am Ende des Tages müde ist. Seine Ausdauer wird jedoch ziemlich schnell zunehmen, sodass dein Welpe am Ende des ersten Jahres viel aktiver sein wird. Einer der größten Vorteile dieser Rasse ist, dass sie dazu neigen, ihr Energieniveau ihrer Situation anzupassen. Du wirst also nicht so sehr darauf achten müssen, deinen Shiba Inu zu ermüden, wie es bei einem Beagle oder Jack Russell Terrier der Fall wäre. Dennoch musst du sicherstellen, dass er basierend auf seiner Kalorienaufnahme genügend Bewegung bekommt. Darüber hinaus wird dein Shiba Inu wahrscheinlich ein Energieniveau annehmen, das zu deinem Lebensstil passt.

In den ersten Tagen wird der Zeitplan deines Welpen hauptsächlich aus Schlafen und Fressen bestehen, mit Spaziergängen und Sozialisierung dazwischen. Die Wachstunden werden Training und Spiel umfassen.

Führe eine letzte Welpen-Sicherheitskontrolle durch, bevor der Welpe ankommt

Egal wie beschäftigt du bist oder wie sorgfältig du die Checklisten zur Welpensicherung aus dem vorherigen Kapitel befolgt hast, du solltest dir unbedingt die Zeit nehmen, dein Zuhause noch einmal zu überprüfen, bevor der Welpe ankommt. Plane ein oder zwei Stunden ein, um dies ein oder zwei Tage vor der Ankunft des Welpen zu erledigen.

Erstes Treffen

Halte ein Treffen mit allen Familienmitgliedern ab, um sicherzustellen, dass alle die in Kapitel 4 besprochenen Regeln verstanden haben, bevor der Welpe für Ablenkung sorgt. Dazu gehört auch, wie man mit dem Welpen umgeht. Legt fest, wer für die primäre Welpenpflege verantwortlich sein wird, einschließlich wer der Haupttrainer sein wird. Um jüngeren Kindern Verantwortung beizubringen, kann ein Elternteil mit einem Kind zusammenarbeiten, um die Pflege des Welpen zu übernehmen. Das Kind wird für Dinge wie das Füllen des Wassernapfs und das Füttern des Welpen verantwortlich sein, während ein Elternteil die Aufgaben beaufsichtigt.

Deinen Welpen oder Hund abholen und die Heimfahrt

Das Abholen deines Welpen erfordert eine gute Planung und Vorbereitung, besonders wenn du zum Züchter fährst, um den Welpen abzuholen. Plane wenn möglich, deinen Welpen an einem Wochenende oder zu Beginn eines Urlaubs abzuholen, damit du ungestört Zeit zu Hause mit ihm verbringen kannst. Dieser Abschnitt behandelt die Vorbereitung und die eigentliche Fahrt, aber nicht, was zu tun ist, wenn du andere Hunde hast, die du vorstellen musst (Kapitel 8). Wenn du keine anderen Hunde hast, kannst du deinen Welpen abholen und direkt nach Hause fahren. Halte nach dem Abholen des Welpen nirgendwo an. Bei einer langen Fahrt (mehr als ein paar Stunden) solltest du alle paar Stunden Pausen einplanen, damit dein Welpe sich strecken, bewegen, trinken und sein Geschäft erledigen kann. Lasse den Welpen niemals allein im Auto. Wenn du die Toilette benutzen musst, muss mindestens ein Erwachsener bei jedem Halt beim Welpen bleiben.

So verlockend es auch ist, deinen Welpen zu kuscheln und die Heimfahrt bequem zu gestalten, ist die Verwendung einer Transportbox für die Heimfahrt sowohl sicherer als auch angenehmer für den Welpen.

Bevor du dein Zuhause verlässt, stelle sicher, dass du alles Notwendige vorbereitet hast.

- Die Transportbox sollte zur Sicherheit im Auto verankert sein und ein Kissen enthalten. Nimm bei einer langen Fahrt Futter und Wasser mit und plane Stopps ein, um es dem Welpen während der Fahrt zu geben. Stelle sie nicht in die Box, da sie nicht befestigt sind und schwappendes Wasser deinen Welpen erschrecken kann. Du kannst den Boden mit einem Handtuch oder einer Welpenunterlage auskleiden, falls es zu Unfällen kommt.

- Rufe beim Züchter an, um sicherzustellen, dass noch alles nach Plan läuft und der Welpe bereit ist.

- Frage, falls du es noch nicht getan hast, ob du eine Decke mit dem Geruch der Mutter mitnehmen kannst, um dem Welpen die Eingewöhnung zu erleichtern.

- Stelle sicher, dass dein Begleiter pünktlich am Abholort sein wird.

- Wenn du andere Hunde hast, stelle sicher, dass alle beteiligten Erwachsenen wissen, was zu tun ist, wann und wo sie für das erste neutrale Treffen hingehen sollen.

Bei der ersten Fahrt sollten zwei Erwachsene anwesend sein. Frage den Züchter, ob der Welpe schon einmal in einem Auto war. Wenn nicht, ist es besonders wichtig, jemanden dabeizuhaben, der dem Welpen Aufmerksamkeit schenken kann, während die andere Person fährt. Der Welpe wird zwar in der Box sein, aber jemand kann trotzdem Trost spenden. Es wird definitiv beängstigend sein, da der Welpe weder Mutter, Geschwister noch bekannte Menschen um sich hat. Daher wird es für den Kleinen weniger belastend sein, wenn jemand da ist, der mit ihm spricht.

Dies ist der Zeitpunkt, um deinem Welpen beizubringen, dass Autofahrten angenehm sind. Das bedeutet, dass die Box sicher sein muss. Du möchtest den Welpen nicht erschrecken, indem du die Box herumrutschen lässt, während er hilflos darinsitzt.

Wenn du zu Hause ankommst, bringe den Welpen oder Hund sofort nach draußen, damit er sein Geschäft erledigen kann. Selbst wenn der Welpe oder Hund auf dem Weg einen Unfall hatte, ist jetzt der Zeitpunkt, um deinem neuen Familienmitglied beizubringen, wo er sein Geschäft erledigen soll.

Der erste Tierarztbesuch und was dich erwartet

Ein Tierarztbesuch ist innerhalb der ersten ein oder zwei Tage nach der Ankunft deines Welpen notwendig und kann im Vertrag, den du mit dem Züchter unterzeichnet hast, vorgeschrieben sein. Du musst eine Grundlage für die Gesundheit des Welpen schaffen, damit der Tierarzt die Entwicklung deines Welpen verfolgen und überwachen kann, um sicherzustellen, dass alles gut läuft, während dein Shiba Inu wächst. Die erste Untersuchung gibt dir mehr Informationen über deinen Welpen und bietet dir die Möglichkeit, dem Tierarzt Fragen zu stellen und Ratschläge zu erhalten. Sie schafft auch eine wichtige Verbindung zwischen deinem Shiba Inu und dem Tierarzt.

Dieser erste Tierarztbesuch wird interessant und sehr anders als die nachfolgenden Besuche sein. Dein Welpe wird nicht wissen, was ihn erwartet, da er noch nie bei diesem bestimmten Tierarzt war. Versuche, seine Ängste so gut wie möglich zu lindern. Du möchtest, dass dieser erste Besuch einen positiven Ton für alle zukünftigen Besuche setzt.

Es gibt mehrere Dinge, die du vor dem Tag des Termins erledigen musst:

- Finde heraus, wie früh du da sein musst, um die Unterlagen für den neuen Patienten auszufüllen.

- Erkundige dich, ob du für diesen ersten Besuch auch eine Kotprobe mitbringen solltest. Falls ja, sammle sie am Morgen des Besuchs und nimm sie mit.

- Bringe die vom Züchter oder der Tierschutzorganisation bereitgestellten Unterlagen mit, damit der Tierarzt sie zu den Akten deines Welpen oder Hundes hinzufügen kann.

Bei deiner Ankunft möchte dein Welpe vielleicht die anderen Welpen und Menschen in der Praxis kennenlernen, was gefördert werden kann, solange du einige grundlegende Regeln im Hinterkopf behältst. Schließlich ist dies eine Gelegenheit, an der Sozialisierung des Welpen zu arbeiten und eine anfänglich positive Erfahrung mit dem Tierarzt zu schaffen, obwohl du vorsichtig sein musst. Frage die Person immer, ob es in Ordnung ist, wenn dein Welpe ein anderes Haustier kennenlernt, und warte auf die Zustimmung, bevor du deinen Welpen vorstellst. Haustiere in der Tierarztpraxis fühlen sich sehr wahrscheinlich nicht wohl, was bedeutet, dass sie möglicherweise nicht sehr freundlich sind. Du möchtest nicht, dass ein mürrischer älterer Hund oder ein krankes Tier deinen Welpen beißt oder erschreckt. Negative soziale Erfahrungen werden deinem Welpen in Erinnerung bleiben, und sie werden den Tierarztbesuch zu etwas machen, das er fürchtet oder ablehnt. Du möchtest auch nicht, dass dein Welpe potenziellen Krankheiten ausgesetzt wird, während er noch seine Impfungen bekommt.

Während des ersten Besuchs wird der Tierarzt eine erste Beurteilung deines Shiba Inu vornehmen. Eine der wichtigsten Maßnahmen ist das Wiegen deines Welpen. Dies ist etwas, das du über das ganze Leben deines Shiba Inu überwachen musst, da die Rasse zu Fettleibigkeit neigt. Notiere das Gewicht für dich selbst, damit du sehen kannst, wie schnell der Welpe wächst. Frage deinen Tierarzt, was in jeder Phase ein gesundes Gewicht ist, und notiere auch das. Shiba Inu wachsen im ersten Jahr unglaublich schnell, aber du solltest trotzdem sicherstellen, dass dein

Hund nicht mehr Gewicht zunimmt als gesund ist. In den 2010er Jahren gab es einen Trend zu dicken Shiba Inu, weil sie beim Watscheln so „niedlich" aussahen. Das ist nicht nur schlecht für die Gesundheit deines Shiba Inu, es verkürzt auch seine Lebensdauer. Um sicherzustellen, dass dein Shiba Inu gesund bleibt, musst du wissen, wie viel dein Hund bei der Ankunft wiegt, und dann musst du es im Laufe des Lebens deines Hundes überwachen, um sicherzustellen, dass er gesund bleibt.

Der Tierarzt wird den Termin für die nächste Impfung festlegen, die wahrscheinlich nicht lange nach der Ankunft deines Welpen stattfinden wird. Wenn es Zeit für seine Impfungen ist, sei darauf vorbereitet, dass dein Welpe sich ein oder zwei Tage lang unwohl fühlen könnte.

Boxen – und anderes grundlegendes Training

„Lasse sie nicht für längere Zeit in einem Zwinger, bis sie darauf trainiert wurden, darin zu bleiben. So vermeidest du, dass sie in den Zwinger pinkeln, was eine schlechte Angewohnheit wäre."

Jan Hill
Dark Knight Shibas

Wie bereits erwähnt, beginnt das Training in dem Moment, in dem dein Shiba Inu in deine Verantwortung übergeht. In Anbetracht der Tatsache, dass dein Hund stur sein kann, solltest du deinen Welpen von Anfang an daran gewöhnen, dass du das Sagen hast. Dies wird dem eigensinnigen Wesen des Shiba Inu entgegenwirken. Erwarte nicht, dass es dieses Verhalten vollständig beseitigt, aber du kannst deinem neuen Welpen zumindest zeigen, wie die Hierarchie aussieht.

Welpen unter sechs Monaten sollten nicht stundenlang in der Box sein. Sie können ihre Blase nicht so lange halten, also musst du sicherstellen, dass sie hinausgehen und ihr Geschäft an einem akzeptablen Ort erledigen können. Wenn du einen erwachsenen Hund bekommst, der nicht stubenrein ist, musst du die gleichen Regeln befolgen.

Stelle sicher, dass die Tür so eingestellt ist, dass sie sich nicht schließt, während dein Hund die Box zum ersten Mal beschnuppert. Du möchtest nicht, dass dein Shiba Inu von der sich schließenden Tür getroffen und erschreckt wird.

1. Lass deinen Shiba Inu die Box beschnuppern. Sprich mit ihm, während er das tut, mit einer positiven, fröhlichen Stimme. Verbinde die erste

Foto Von
Caitlin Rubinstein

Erfahrung in der Box mit Aufregung und positiven Emotionen, damit dein Hund versteht, dass es ein guter Ort ist. Wenn du eine Decke von der Mutter des Welpen hast, lege sie in die Box, um zusätzlichen Komfort zu bieten.

2. Wirf ein paar Leckerlis in die Box, wenn dein Hund zögert, sie zu betreten. Zwinge deinen Hund NICHT in die Box. Wenn dein Hund nicht ganz in diesen seltsamen kleinen Raum gehen möchte, ist das völlig in Ordnung. Es muss seine Entscheidung sein, einzutreten, damit es keine negative Erfahrung ist.

3. Füttere deinen Hund ein oder zwei Wochen lang in der Box. Dies wird dazu beitragen, sehr positive Emotionen mit der Box zu verbinden und dir auch helfen, das Futter von anderen Haustieren fernzuhalten, falls du welche hast.

   a. Wenn dein Hund sich mit der Box wohlzufühlen scheint, stelle das Futter ganz hinten in die Box.

   b. Wenn nicht, stelle den Futternapf vorne in die Box und bewege ihn mit der Zeit weiter nach hinten.

4. Beginne die Tür zu schließen, sobald dein Hund bequem in der Box zu fressen scheint. Wenn das Futter weg ist, öffne die Box sofort.

5. Lasse die Tür für längere Zeit geschlossen, nachdem dein Hund gefressen hat. Wenn dein Welpe zu winseln beginnt, hast du deinen Shiba Inu zu lange in der Box gelassen.

6. Setze deinen Hund für längere Zeiträume in die Box, sobald er keine Anzeichen von Unbehagen in der Box zeigt, wenn er frisst. Du kannst beginnen, ihm beizubringen, in die Box zu gehen, indem du einfach „Box" oder „Bett" sagst, und dann deinen Hund lobst, um ihm zu zeigen, dass er großartige Arbeit geleistet hat.

Wiederhole dies mehrere Wochen lang, bis dein Hund sich in der Box wohlfühlt. Wenn du dies mehrmals täglich machst, kann es deinem Hund helfen zu lernen, dass alles in Ordnung ist und dass die Box keine Strafe ist. Anfangs wirst du dies tun, während du noch zu Hause bist oder wenn du hinausgehst, um die Post zu holen. Sobald dein Welpe eine halbe Stunde ohne Winseln auskommen kann, während du nicht im Raum bist, kannst du beginnen, ihn allein zu lassen, wenn du weg bist, wobei die Zeit anfangs nicht mehr als eine Stunde betragen sollte.

Sobald dein Hund versteht, dass er dein Zuhause nicht zerstören soll, ist das Boxentraining abgeschlossen.

Der Schwerpunkt in diesen ersten Wochen liegt darauf, mit dem Stubenreinheitstraining zu beginnen und unerwünschtes Verhalten zu minimieren. Training von Anfang an ist wichtig, aber nimm deinen neuen Welpen noch nicht mit zu irgendwelchen Kursen. Der Grund dafür ist, dass die meisten Welpen noch nicht alle notwendigen Impfungen erhalten haben, und gute Trainer werden sie erst in Kurse aufnehmen, wenn die erste vollständige Impfrunde abgeschlossen ist. Die Kapitel 10 und 12 bieten einen genaueren Blick auf die verschiedenen Arten von Training, die du beginnen solltest, und wie du nach den ersten Wochen weitermachen solltest.

Ängste in der ersten Nacht

Diese erste Nacht wird für deinen kleinen Shiba Inu-Welpen beängstigend sein. So verständlich das auch sein mag, es gibt nur begrenzt Trost, den du deinem neuen Familienmitglied geben kannst. Genau wie bei einem Baby lehrst du einen Welpen, je mehr du auf Schreien und Winseln reagierst, dass negatives Verhalten die gewünschten Ergebnisse bringt. Du musst auf einen Balanceakt vorbereitet sein, um die Sicherheit zu vermitteln, dass alles in Ordnung ist, während du deinen Welpen davon ab- hältst zu lernen, dass Weinen deine Aufmerksamkeit erregt.

Schaffe einen Schlafbereich nur für deinen Welpen in der Nähe dei- nes Schlafplatzes. Der Bereich sollte das Welpenbett haben, das sicher in einer Box untergebracht ist. Sie bietet ihm einen sicheren Ort zum Ver- stecken, damit er sich in einem fremden neuen Zuhause wohler fühlen kann. Der gesamte Bereich sollte abgesperrt sein, sodass niemand wäh- rend der Nacht hineingelangen kann (und der Welpe nicht herauskom- men kann). Er sollte auch in der Nähe sein, wo Menschen schlafen, damit der Welpe sich nicht verlassen fühlt. Wenn du eine Decke oder ein Kis- sen bekommen hast, das nach der Mutter riecht, stelle sicher, dass dies im Raum deines Welpen ist. Erwäge, ein wenig weißes Rauschen hinzu- zufügen, um unbekannte Geräusche zu überdecken, die deinen neuen Freund erschrecken könnten.

Dein Welpe wird im Laufe der Nacht Geräusche machen. Bewege den Welpen nicht weg, auch wenn das Winseln dich wach hält. Wenn du nachgibst, wird das Winseln, Jammern und Weinen mit der Zeit lauter werden. Während der Nacht winselt dein Welpe nicht, weil er zu lange in der Box war; er hat Angst oder möchte, dass jemand bei ihm ist – wahr- scheinlich war er noch nie nachts allein, bevor er in dein Zuhause kam. Erspare dir später einige Probleme, indem du dem Welpen beibringst, dass Winseln nicht immer funktioniert, um ihn aus der Box zu bekom- men. Du solltest ihn jedoch auch nicht wegbewegen. Von Menschen wegbewegt zu werden, würde den Welpen nur noch mehr erschrecken und die Angst, die er fühlt, verstärken. Mit der Zeit wird es ausreichen, nachts einfach in deiner Nähe zu sein, um deinen Welpen zu beruhigen, dass alles in Ordnung ist.

Lass deinen Welpen nicht in dein Bett, bis er vollständig stubenrein ist. Sobald ein Shiba Inu lernt, dass das Bett zugänglich ist, kannst du ihm nicht beibringen, nicht darauf zu springen. Und wenn er nicht stubenrein ist, wirst du in naher Zukunft ein neues Bett brauchen.

Welpen müssen alle zwei bis drei Stunden auf die Toilette, und du musst während der Nacht aufstehen, um sicherzustellen, dass dein Wel- pe versteht, dass er immer entweder draußen oder auf der Welpenun- terlage sein Geschäft erledigen soll. Wenn du es nachts durchgehen lässt, wirst du später Schwierigkeiten haben, ihm beizubringen, dass er nicht im Haus sein Geschäft erledigen darf.

KAPITEL 8
Der Mehrtierhalt

„Stelle deinen neuen Welpen anderen Haustieren vor, indem du ihn in einer Transportbox in den Bereich bringst, wo sich die anderen Tiere aufhalten, z.B. in die Küche oder ins Wohnzimmer. Sei geduldig und lasse sie nicht alle zusammen frei, bis genügend Zeit vergangen ist, damit jeder schnuppern und sich beruhigen konnte. Wenn du den Welpen Katzen vorstellst, sorge dafür, dass sie einen sicheren Rückzugsort haben. Bei älteren Hunden solltest du nicht zulassen, dass der Welpe unhöflich ist. Ein guter älterer Hund mit Vorbildfunktion wird einem Welpen schon zeigen, dass er sich beruhigen soll – bestrafe den älteren Hund nicht, wenn er den Welpen auf den Boden drückt oder ihn zurechtweist."

Susan Norris-Jones
SunJo Shiba Inu & Japanischer Chin

Shiba Inu verstehen sich in der Regel nicht gut mit anderen dominanten Hunden – sie wollen selbst das Sagen haben. Wenn dein Hund oder deine Hunde jedoch verspielt sind und keine dominanten Tendenzen haben, ist die Einführung eines neuen Shiba Inu in dein Zuhause meist recht einfach. Sie spielen gerne wild, was die Eingewöhnung bei älteren Hunden erschweren kann, daher ist hier Vorsicht geboten.

Eine gute Sozialisierung ist für Shiba Inu wichtig. Ein bereits vorhandener Hund kann deinem Welpen helfen, sich früher zu sozialisieren und ihm beibringen, wie die Dinge in deinem Zuhause funktionieren. Dein neuer Shiba Inu wird vielleicht nicht auf dich hören wollen, aber zumindest wird dein Welpe die Regeln kennenlernen. Falls dein derzeitiger Hund oder deine Hunde unerwünschte Verhaltensweisen zeigen, solltest du versuchen, diese zu korrigieren, bevor dein Welpe ankommt – du willst nicht, dass dein Shiba Inu schlechte Angewohnheiten übernimmt. Die Chancen stehen gut, dass er selbst genug Unsinn anstellen wird, aber er braucht keine zusätzlichen Ideen von anderen Haustieren.

Deinen neuen Welpen anderen Haustieren vorstellen

Stelle neue Hunde, unabhängig vom Alter, immer an einem neutralen Ort außerhalb deines Zuhauses deinem derzeitigen Hund oder deinen Hunden vor. Auch wenn du noch nie Probleme mit deinem jetzigen Hund hattest, wirst du seine Welt verändern. Wähle einen Park oder einen anderen öffentlichen Bereich, wo dein Hund sich nicht territorial fühlt, und plane dort das erste Treffen zwischen deinem Hund und dem Welpen. Dies gibt den Tieren die Möglichkeit, sich kennenzulernen, bevor sie gemeinsam dein Zuhause betreten.

Bei der Vorstellung deines Hundes und des Welpen sollte mindestens ein weiter Erwachsener dabei sein, damit jedes Tier eine Begleitperson hat. Wenn du mehr als einen Hund hast, solltest du pro Hund einen Erwachsenen dabeihaben. So lassen sich alle Hunde besser unter Kontrolle halten. Selbst die bravsten Hunde können sich bei der Begegnung mit einem Welpen übermäßig aufregen. Eine der anwesenden Personen sollte diejenige sein, die für die Haustiere in deinem Zuhause verantwortlich ist (oder mehrere Personen, falls es mehr als eine verantwortliche Person gibt). Dies hilft, die Rangordnung zu etablieren.

Halte deinen Welpen nicht auf dem Arm, wenn die Hunde sich treffen. Auch wenn du den Welpen schützen und ihm durch das Halten ein Gefühl

Foto Von
Trisha Cutright

Foto Von
Sheryl Royalty

der Sicherheit geben möchtest, bewirkst du das Gegenteil. Dein Welpe wird sich wahrscheinlich gefangen fühlen, ohne Fluchtmöglichkeit. Auf dem Boden kann der Welpe weglaufen, wenn er das Bedürfnis dazu verspürt. Stelle dich in der Nähe des Welpen hin, mit leicht gespreizten Beinen. So kann der Welpe, falls er flüchten muss, schnell hinter deinen Beinen Schutz suchen.

Achte auf aufgestellte Rückenhaare bei deinem Hund. Der Welpe und jeder Hund sollten ein paar Minuten Zeit haben, um aneinander zu schnuppern, wobei immer etwas Spiel in der Leine sein sollte. Das hilft ihnen, sich entspannter zu fühlen, da sie nicht das Gefühl haben, dass du versuchst, sie zurückzuhalten. Dein Hund wird wahrscheinlich entweder spielen wollen oder den Welpen einfach ignorieren.

- Wenn sie spielen wollen, achte nur darauf, dass der Hund den Welpen nicht versehentlich verletzt.
- Wenn der Hund den Welpen nach einem ersten Beschnuppern ignoriert, ist das auch in Ordnung.

Wenn die Rückenhaare deines Hundes aufgestellt sind oder er eindeutig unglücklich ist, halte sie getrennt, bis dein Hund sich mit der Situation wohler zu fühlen scheint. Erzwinge das Treffen nicht.

Die Einführung kann je nach individueller Hundepersönlichkeit einige Zeit dauern. Je freundlicher und aufgeschlossener dein Hund ist, desto einfacher wird es sein, deinen neuen Welpen ins Haus zu integrieren. Für manche Hunde reicht eine Woche, um sich miteinander wohlzufühlen. Bei anderen Hunden kann es ein paar Monate dauern, bis sie einen neuen Welpen vollständig akzeptieren. Da dies eine völlig neue Dynamik in deinem Haushalt ist, ist dein derzeitiger Hund vielleicht nicht erfreut darüber, dass du ein kleines Energiebündel in sein tägliches Leben bringst. Das reicht, um jeden unglücklich zu machen, besonders einen Hund, der sich an einen bestimmten Lebensstil gewöhnt hat. Je älter dein Hund ist, desto wahrscheinlicher ist es, dass ein Welpe eine unerwünschte Ergänzung darstellt. Ältere Hunde können grantig werden, wenn ein Welpe die Regeln nicht versteht oder nicht zu wissen scheint, wann genug ist. Das Ziel ist, dass dein Welpe sich willkommen und sicher fühlt, während du deinem älteren Hund zeigst, dass deine Liebe zu ihm genauso stark ist wie eh und je.

Sobald dein neues Familienmitglied und der Rest des Hunderudels beginnen, sich kennenzulernen und sich miteinander wohlzufühlen, kannst du nach Hause gehen. Wenn sie das Haus betreten, werden sie bereits etwas vertrauter miteinander sein, was deinen derzeitigen Hunden hilft, sich mit dem neuen Familienmitglied wohler zu fühlen.

Sobald ihr zu Hause seid, nimm die Hunde mit in den Garten und entferne die Leinen. Du brauchst einen Erwachsenen pro Hund, einschließlich des Welpen. Wenn alles in Ordnung zu sein scheint oder sich der Hund dem Welpen gegenüber gleichgültig verhält, kannst du deinen Hund hineinlassen, den Welpen wieder anleinen und ihn an der Leine mit ins Haus nehmen.

Bringe den Welpen in seinen Welpenbereich, wenn die Vorstellungen abgeschlossen sind.

Foto Von
Brooke Steinbach

Einen erwachsenen Hund anderen Tieren vorstellen

Du musst bei der Einführung und in den ersten Wochen immer vorsichtig vorgehen. Der neue erwachsene Shiba Inu wird anfangs seine eigenen Sachen brauchen und sollte in einem separaten Bereich gehalten werden, wenn du nicht da bist, bis du weißt, dass es keine Kämpfe geben wird. Wenn deine Hunde nicht viel Interesse daran haben, der Chef zu sein, und gerne wild spielen, wird sich dein neuer Shiba Inu schneller in das Rudel einfügen.

Plane für die Einführung mindestens eine Stunde ein. Es wird wahrscheinlich nicht so lange dauern, aber du musst sicherstellen, dass sich alle Hunde während der Einführung wohlfühlen. Da die Hunde alle erwachsen sind, müssen sie sich in ihrem eigenen Tempo bewegen.

Befolge die gleichen Schritte, um deine aktuellen Hunde mit deinem neuen Hund bekannt zu machen, wie du es bei einem Welpen tun würdest.

- Beginne auf neutralem Gebiet.
- Bei der Vorstellung sollte pro Hund ein erwachsener Mensch anwesend sein (dies ist noch wichtiger, wenn ein erwachsener Hund vorgestellt wird).
- Stelle einen Hund nach dem anderen vor – lass nicht mehrere Hunde gleichzeitig deinen neuen Shiba Inu kennenlernen. Wenn mehrere Hunde in einer unbekannten Umgebung mit Menschen, die der Shiba Inu nicht gut kennt, gleichzeitig auf ihn zukommen – du kannst dir wahrscheinlich vorstellen, wie nervenaufreibend das für jeden neuen Hund sein kann.

Anders als bei einem Welpen solltest du zum Treffen zweier erwachsener Hunde Leckerlis mitbringen. Die Tiere werden gut auf die Leckerlis reagieren, und du hast eine Möglichkeit, alle Hunde schnell abzulenken, wenn sie zu angespannt untereinander sind.

Beobachte während der Vorstellung den Shiba Inu und deine Hunde, um zu sehen, ob einer von ihnen die Rückenhaare aufstellt. Dies ist eines der ersten wirklich offensichtlichen Anzeichen dafür, dass ein Hund sich unwohl fühlt. Wenn die Rückenhaare des Shiba Inu aufgestellt sind, unterbrich die Vorstellung für eine Weile. Tue dies, indem du zuerst deinen derzeitigen Hund zurückrufst. Jetzt ist auch der Zeitpunkt, an dem du anfangen solltest, mit Leckerlis zu winken. Vermeide es, an den Leinen zu ziehen, um die Hunde zu trennen. Du willst der Situation keine körperliche Spannung hinzufügen, da dies einen Kampf auslösen könn-

Foto Von
Whitney Kono

te. Leckerlis werden anfangs bei allen anwesenden Hunden funktionieren, und deine anderen Hunde sollten in der Lage sein, auf deinen Ruf zu reagieren.

Wenn einer der Hunde die Zähne zeigt oder knurrt, rufe deinen Hund zurück und gib den Hunden die Chance, sich zuerst zu beruhigen. Verwende die Leckerlis und eine beruhigende Stimme, um sie zu entspannen. Du möchtest, dass sich alle Hunde beim ersten Treffen wohlfühlen, also kannst du die Freundschaft nicht erzwingen. Wenn sie sich anfangs unwohl fühlen oder vorsichtig sind, musst du sie ihr eigenes Tempo bestimmen lassen.

Ältere Hunde und dein Shiba Inu

Wenn dein derzeitiger Hund älter ist, denke daran, dass Welpen energiegeladen sind und wahrscheinlich immer wieder versuchen werden, den älteren Hund zum Spielen zu animieren. Das kann für deinen älteren Hund sehr anstrengend sein. Achte darauf, dass dein älterer Hund nicht zu müde von den Streichen des Welpen wird, denn du möchtest nicht, dass dein Welpe lernt, nach anderen Hunden zu schnappen. Achte auf Anzeichen, dass dein älterer Hund bereit für etwas Zeit allein, etwas Zeit allein mit dir oder einfach eine Pause vom Welpen ist.

Auch wenn dein Shiba Inu bereit ist, den Welpenbereich endgültig zu verlassen, solltest du trotzdem sicherstellen, dass dein älterer Hund sichere Orte hat, an die er sich zurückziehen kann, falls er sich nicht in der Lage fühlt, mit einem lebhaften jungen Ding zusammen zu sein. Dies wird die Wahrscheinlichkeit verringern, dass dein Welpe wiederholt zurechtgewiesen wird und daher lernt, älteren Hunden gegenüber misstrauisch zu sein.

Selbst wenn du einen erwachsenen Shiba Inu adoptierst, neigen sie dazu, gerne wild mit anderen Hunden zu spielen. Dies kann ein Problem für ältere Hunde sein, also stelle sicher, dass die goldenen Jahre deines Hundes nicht durch einen neuen Hund beeinträchtigt werden, der Regeln hat, die für deinen älteren Hund keinen Sinn ergeben, und der auf eine Weise spielen möchte, die dein älterer Hund nicht kann.

Hundeaggression und territoriales Verhalten

„Mangelnde Bewegung ist der Hauptgrund für Probleme wie Bellen, Kauen, Kratzen und Aggression."

Susan Norris-Jones
SunJo Shiba Inu & Japanischer Chin

Außerhalb des Hauses sind Shiba Inu wirklich kein Problem. Manche Menschen haben die Rasse als aggressiv eingestuft, weil sie nach Hunden schnappen, die zu enthusiastisch oder aufdringlich sind. Dies ist

Foto Von
Rachel Deihl

eine Rasse, die gerne die Kontrolle hat und ziemlich unabhängig ist. So wie du nicht gut reagieren würdest, wenn jemand deinen persönlichen Raum überschreitet und zu freundlich ist, kann ein Shiba Inu schnappen, wenn ein anderer Hund in seinen Raum eindringt. Dies ist kein echter Akt der Aggression, sondern eher eine Warnung, dass der Hund sich auf eine Weise verhält, die dem Shiba Inu nicht gefällt. Sobald der Hund zurückweicht, wird dein Shiba Inu wahrscheinlich völlig das Interesse verlieren. Das ist ganz anders als bei einem aggressiven Hund, denn ein aggressiver Hund wird weiterhin versuchen, an den anderen Hund heranzukommen. Ein Shiba Inu möchte einfach seinen eigenen persönlichen Raum haben. Sobald das erreicht ist, wird er wahrscheinlich wieder normal handeln. Es ist deine Aufgabe, sicherzustellen, dass andere Menschen wissen, dass sie ihre übereifrigen Hunde davon abhalten sollten, deinem Hund zu nahe zu kommen.

Verwende keine Würgehalsbänder oder andere negative Verstärker bei deinem Shiba Inu. Diese verletzen nicht nur deinen Hund, sondern funktionieren auch nicht gut. Ein Shiba Inu reagiert nicht gut auf negative Verstärkung, weil er selbst denkt. Was du deinem Shiba Inu mit diesen Arten von Einschränkungen beibringst, ist, dass du nicht weißt, was du tust, und Dinge benutzt, um zu versuchen, deinen Hund zu zwingen, sich auf eine bestimmte Weise zu verhalten. Was funktioniert, sind Leckerlis und das Entfernen aus jeder negativen Situation. Belohne deinen Hund für das gute Verhalten, und je öfter dein Hund das tut, was du von ihm möchtest, desto öfter belohnst du ihn. Kapitel 12 geht darauf ein, wie du deinen Shiba Inu trainieren kannst.

Zu Hause musst du vorsichtiger sein. Da dies ein Hund ist, der gerne die Kontrolle hat, musst du auf aggressives Verhalten achten. Trotz seiner Größe ist ein Shiba Inu nicht die Art von Hund, der nachgibt. Wenn er also das Gefühl hat, dass ihn jemand herausfordert oder eines seiner Spielzeuge wegnimmt, könnte er aggressiv reagieren. Solange er jung ist, ist es einfacher, mit dem Training gegen diese Art von Verhalten zu beginnen, aber ein älterer Hund wird zusätzliche Überwachung benötigen und sollte nicht mit anderen Haustieren oder Kindern allein gelassen werden. Ein älterer Shiba Inu muss lernen, wie man Teil des Rudels wird und wie man richtig auf Menschen reagiert, die mit Spielzeug und anderen Gegenständen spielen. Deshalb ist es wichtig, immer konsequent zu sein.

Es gibt zwei Hauptarten von Aggression, auf die du bei deinem Hund achten solltest.

- Dominanzaggression tritt auf, wenn dein Hund Kontrolle über ein anderes Tier oder eine Person demonstrieren möchte. Diese Art von Aggression zeigt sich durch folgende Verhaltensweisen als Reaktion darauf, dass jemand in die Nähe der Besitztümer des Shiba Inu (wie Spielzeug oder Futternapf) kommt:

- Knurren
- Schnappen
- Beißen

Dies ist das Verhalten, mit dem der Rudelführer andere im Rudel davor warnt, seine Sachen zu berühren. Wenn dein Shiba Inu so auf dich, ein Familienmitglied oder ein anderes Haustier reagiert, das sich seinen Sachen nähert, musst du sofort eingreifen, ihn korrigieren, indem du „Nein" sagst, und ihn dann mit Lob überschütten, wenn er aufhört. Du musst konsequent eingreifen, wann immer dein Shiba Inu sich so verhält.

Lasse den Shiba Inu nicht mit anderen Menschen, Hunden oder Tieren allein, solange er dieses Verhalten zeigt. Er wird Grenzen austesten, und wenn du nicht da bist, um einzugreifen, wird er wahrscheinlich versuchen, in deiner Abwesenheit seine Dominanz zu zeigen. Du möchtest deinen Shiba Inu trainieren, nicht aggressiv zu reagieren. Sobald du sicher bist, dass das Verhalten beseitigt wurde, kannst du deinen Hund und deinen Shiba Inu für kurze Zeit allein lassen, wobei du in einem anderen Raum oder in der Nähe bleibst, aber außer Sichtweite. Mit der Zeit kannst du anfangen, deine Haustiere allein zu lassen, wenn du die Post holst, dann wenn du Besorgungen machst. Schließlich wirst du in der Lage sein, deinen Shiba Inu mit anderen Hunden allein zu lassen, ohne dir Sorgen zu machen, dass er oder einer deiner anderen Hunde sich gezwungen fühlt, Dominanz zu zeigen.

- Gut sozialisierte Rüden sind mehr daran interessiert, andere Hunde zu treffen und zu begrüßen. Nicht sozialisierte Rüden können aggressiv und dominant sein. Hündinnen sind tendenziell berechenbarer; sie sind zurückhaltender, auch wenn sie richtig sozialisiert sind, aber sie neigen weniger dazu, so aggressiv oder dominant zu sein, wenn sie nicht sozialisiert sind.

Dein Shiba Inu wird lernen müssen, dass das Zuhause nicht nur ihm gehört. Es gehört genauso den Menschen und den anderen Hunden, und er ist ein Teil des Zuhauses, nicht der Chef in deinem Zuhause.

Starker natürlicher Jagdtrieb

Über einen Großteil der Rassegeschichte hinweg haben Shiba Inu andere Tiere gejagt. Nach Jahrhunderten der Jagd haben sie natürlich einen hohen Jagdtrieb. Du musst planen, deinen Shiba Inu-Welpen mit der Katze zu sozialisieren, lange bevor der Welpe frei im Haus herumlaufen darf. Sei immer anwesend, wenn sie interagieren, damit du das Verhalten des Welpen korrigieren kannst. Wenn du einen erwachsenen Shiba Inu ins Haus bringst, überwache die Interaktion. Da Katzen etwa so groß sind wie manche Shiba Inu, besteht kein großes Risiko, dass der Shiba Inu versucht, die Katze zu jagen, aber er könnte reagieren wie bei einem anderen Hund.

Wenn du andere kleine Tiere hast, müssen diese in Bereichen gehalten werden, zu denen dein Shiba Inu keinen Zugang hat. Kaninchen, Frettchen und andere Haustiere sind in der Regel nicht trainierbar. Die meisten kleinen Tiere können nicht lernen, nicht wegzulaufen, was dein Welpe wahrscheinlich als Einladung zum Spielen auffassen wird. Da kleinere Tiere normalerweise in Käfigen oder Gehegen sind, werden sie für deinen Shiba Inu weniger interessant sein. Es ist eher draußen, wo du vorsichtiger mit dem natürlichen Jagdtrieb deines Shiba Inu sein musst. Das bedeutet, dass du deinen Shiba Inu wirklich nicht ohne Zaun von der Leine lassen solltest. Selbst wenn du einen Zaun hast, musst du deinen Hund genau im Auge behalten. Wenn ein kleines Tier die Aufmerksamkeit deines Shiba Inu erregt, wird er sich darauf konzentrieren, das Tier zu fangen, und Zäune sind nicht so abschreckend, wie du vielleicht denkst. Diese Rasse kann Probleme lösen, daher ist das Entkommen aus einem eingezäunten Bereich keine große Herausforderung.

Praktiken zur Fütterungszeit

Dein Shiba Inu-Welpe wird im Welpenbereich gefüttert, daher wird die Essenszeit am Anfang kein Problem sein. Wenn du beginnst, den Welpen mit den anderen Hunden zu füttern, kannst du die folgenden Anweisungen verwenden, um die Chance auf territoriales Verhalten mit Futter zu verringern.

1. Füttere deinen Shiba Inu zur gleichen Zeit wie die anderen Hunde, aber in einem anderen Raum. Wenn du sie getrennt hältst, kann dein Shiba Inu ohne Ablenkung oder das Gefühl fressen, dass deine anderen Hunde das fressen werden, was in seiner Schüssel ist. Achte darauf, deinen Shiba Inu jedes Mal im selben Raum zu füttern,

während die anderen Hunde in ihrem etablierten Raum oder ihren Räumen fressen.

2. Halte deinen Shiba Inu und andere Hunde in ihren Bereichen, bis sie ihr Futter aufgefressen haben. Manche Hunde neigen dazu, Futter in der Schüssel zu lassen. Lass das nicht zu. Sie müssen alles in der Schüssel auffressen, denn alle Futterschüsseln werden entfernt, sobald die Hunde mit dem Fressen fertig sind, um die Notwendigkeit zu beseitigen, diese Schüsseln zu schützen.

3. Stelle sicher, dass jemand in der Nähe deines Shiba Inu ist, damit er lernt, Menschen in der Nähe der Schüssel nicht anzuknurren. Dies wird helfen, Stress zu reduzieren, wenn andere Hunde in der Nähe des Futters sind. Wenn dein Hund Aggression zeigt, korrigiere ihn sofort, indem du „Nein" sagst, und lobe ihn dann, wenn er aufhört. Versuche nicht, mit der Futterschüssel zu spielen, und stelle sicher, dass keines der Kinder damit spielt. Dein Hund muss wissen, dass niemand versuchen wird, sein Futter zu stehlen.

4. Bringe die Hunde über ein paar Wochen immer näher zusammen. Du kannst zum Beispiel deinen derzeitigen Hund auf einer Seite der Tür in der Nähe des Türrahmens füttern und den Shiba Inu auf der gegenüberliegenden Seite in der Nähe des Türrahmens.

5. Nach ein oder zwei Monaten kannst du sie im selben Raum füttern, aber mit etwas Abstand zwischen ihnen. Wenn der Shiba Inu beginnt, schützendes Verhalten gegenüber den anderen Hunden zu zeigen, korrigiere ihn und lobe ihn dann, wenn er das Verhalten einstellt.

Schließlich kannst du anfangen, die Hunde nahe beieinander zu füttern. Es kann Wochen bis Monate dauern, je nach Alter des Shiba Inu, wenn er in dein Zuhause kommt. Ein Welpe wird weniger Zeit benötigen, weil er von früh an mit den Hunden sozialisiert wird, was ihn weniger misstrauisch macht. Das bedeutet nicht, dass er kein territoriales Verhalten zeigen wird, aber es wird wahrscheinlich nicht lange dauern, bis er sich wohl dabei fühlt, in der Nähe des Rudels zu fressen.

Bei erwachsenen Hunden könnte es länger dauern, und du solltest es nicht überstürzen. Lass deinen Hund lernen, sich beim Fressen wohlzufühlen, bevor du Änderungen vornimmst, selbst kleine. Hunde jeder Rasse können ihr Futter schützen, abhängig davon, was sie durchgemacht haben; dies wird bei Schutzrassen wie dem Shiba Inu noch verstärkt. Dein Shiba Inu muss sich sicher sein, dass dieses Schutzverhalten in der Nähe anderer Hunde nicht notwendig ist, bevor er ohne Zwischenfälle fressen wird. Das bedeutet, sein Vertrauen und seinen Komfort in seinem eigenen Tempo aufzubauen.

KAPITEL 9
Die ersten Wochen

„Sei nicht beleidigt, wenn sie nicht gekuschelt werden wollen. Die meisten Shibas mögen es nicht, festgehalten zu werden."

Vicki DeBerry
DeBerry Shiba Inu

Dein Shiba Inu Welpe wird in seiner ersten Woche in seinem neuen Zuhause wahrscheinlich zwischen Aufregung und Nervosität schwanken (obwohl er die meiste Zeit schlafen wird). Nachdem er gelernt hat, dass dein Zuhause sein Zuhause ist, wird dein Welpe mehr Persönlichkeit und Interesse an seiner neuen Welt zeigen. Während seine Intelligenz es dir wahrscheinlich leicht machen wird, ihn stubenrein zu bekommen, bedeutet das auch, dass du eher einen gelangweilten Welpen haben wirst, der Unfug anstellt. Eine der wichtigsten Aufgaben in dieser Zeit ist es, dafür zu sorgen, dass sich dein Welpe sicher und wohl fühlt. Er braucht viel Aufmerksamkeit und Fürsorge, um zu verstehen, dass er genau dort ist, wo er hingehört.

Die Bindung, die du in der ersten Woche aufbaust, wird sich im Laufe des ersten Monats weiterentwickeln. Am Ende des Monats sollte dein Welpe die Nacht durchschlafen und möglicherweise schon recht gut verstehen, wo er sein Geschäft erledigen soll. Du wirst auch ein gutes Verständnis für die Persönlichkeit deines Vierbeiners haben, was es viel einfacher macht zu wissen, wie du den Welpen während seiner seltenen Phasen der Unsicherheit trösten kannst.

Im ersten Monat musst du wirklich anfangen, auf die sich entwickelnde Persönlichkeit deines Welpen zu achten. Bei einem Shiba Inu wirst du wahrscheinlich jetzt seinen unabhängigen Charakter bemerken. Wenn dies geschieht, musst du gemeinsam mit deinem Welpen lernen. Es darf kein Machtkampf werden, und du solltest auf keinen Fall negative Verstärkung einsetzen, um deine Dominanz zu behaupten. Wenn dein Shiba Inu anfängt, unabhängiger zu handeln, musst du lernen, wie du reagieren kannst, ohne daraus eine große Sache zu machen. So weit wie möglich ist dies die Zeit, um allmählich daran zu arbeiten, unerwünschtes Verhalten zu stoppen oder zu reduzieren.

Das Wichtigste in dieser Zeit ist Konsequenz. Nutze, was du über die Persönlichkeit deines Welpen lernst, um gutes Verhalten zu fördern.

Regeln aufstellen und dabei bleiben

Dein Welpe muss die Regeln verstehen und wissen, dass du und deine Familie sie ernst meinen. Ein fester, konsequenter Ansatz ist sowohl für dich als auch für deinen Hund am besten. Wenn du nicht konsequent bleibst, bereitest du dir und deinem Shiba Inu viel Streit, der alle unglücklich machen wird. Sobald dein Vierbeiner gelernt hat, auf dich zu hören, wird das Training deines Shiba Inu für Tricks immer noch von seiner Laune abhängen, aber er wird begeisterter sein, wenn er früh lernt, dass du das Sagen hast.

Foto Von
Kristi Wiegraffe

Foto Von
Pervie Villareal

Eine Regel gegen Springen und Beißen etablieren

„Beißen – das ist normales Spielverhalten für einen Shiba-Welpen, aber es sollte bei Menschen und besonders bei Kindern unterbunden werden. Maulspiel ist akzeptabel, aber Zähne sollten nicht zu spüren sein.“

Susan Norris-Jones
SunJo Shiba Inu & Japanischer Chin

Du musst deinem neuesten Familienmitglied beibringen, bestimmte Welpendinge zu unterlassen, wie Knabbern und Springen. Auch wenn sie nicht als aggressiv bekannt sind und ein Shiba Inu dich wahrscheinlich nicht umwerfen kann, möchtest du trotzdem nicht, dass er schlechte Angewohnheiten entwickelt.

Knabbern
- Einer der Auslöser für Knabbern ist Überstimulation, was ein Zeichen dafür sein kann, dass dein Welpe zu müde zum Weiterspielen oder Trainieren ist und du ihn ins Bett bringen solltest.

- Ein weiterer Auslöser könnte sein, dass dein Vierbeiner zu viel Energie hat. Wenn das der Fall ist, nimm deinen Welpen mit nach draußen, um überschüssige Energie abzubauen. Achte aber gleichzeitig darauf, den Welpen nicht zu überfordern.

Du musst wachsam sein und deinem Welpen sofort zu verstehen geben, dass Knabbern nicht akzeptabel ist. Einige Leute empfehlen, eine Wassersprühflasche zu verwenden und den Welpen zu besprühen, während man nach dem Knabbern „Nein" sagt. Dies ist einer der wenigen Fälle, in denen Bestrafung wirksam sein kann, aber du musst darauf achten, dass du sie mit nichts anderem als dem Knabbern in Verbindung bringst.

Sag deinem Welpen immer fest „Nein", wenn er knabbert, auch wenn es während des Spielens ist. Du solltest dich auch zurückziehen und laut „Aua!" sagen, um deinem Welpen zu zeigen, dass seine Zähne dir wehtun. Dies wird dazu beitragen, die Vorstellung zu etablieren, dass Knabbern schlecht ist und niemals belohnt wird.

Kauen
Alle Welpen kauen, um die Schmerzen des Zahnens zu lindern. Kauen kann ein teures Problem für deinen Hund sein, ist aber bei dieser Ras-

Foto Von
Janice Hill
Darknight Shibas

se ziemlich verbreitet. Ob er an deinen Möbeln, Utensilien oder Kleidung kaut, du möchtest dieses Verhalten so schnell wie möglich unterbinden.

- Stelle sicher, dass du Spielzeug für deinen Shiba Inu (entweder erwachsen oder Welpe) hast, damit du ihm beibringen kannst, welche Dinge zum Kauen geeignet sind. Viele verfügbare Spielzeuge zu haben und diese regelmäßig auszutauschen, wird deinem Welpen oder Hund eine Vielzahl von Optionen bieten.

- Wenn dein Welpe zahnt, kühle entweder ein paar Spielzeuge im Kühlschrank oder gib deinem Welpen gefrorene Karotten. Die Kälte hilft, den Schmerz zu betäuben.

- Spielzeuge aus hartem Gummi oder hartem Nylon sind die besten Spielzeuge, besonders Kongs mit Trockenfutter darin. Du kannst sie sogar mit Wasser füllen und einfrieren, was deinem Welpen etwas Kühles gibt, um den Schmerz zu lindern.

Größtenteils wird es dir helfen, deinen Hund im Auge zu behalten, wenn er nicht in seinem zugewiesenen Bereich ist, um schnell zu erkennen, wenn er an Dingen kaut, an denen er nicht kauen sollte. Wenn dies passiert, sage fest „Nein". Wenn dein Hund weiter kaut, bringe ihn zurück in seinen Bereich. Während er in diesem Bereich ist, stelle sicher, dass er genügend Spielzeug zum Kauen hat.

Wenn du dich für Kau-Abwehrmittel entscheidest, sei dir bewusst, dass es einigen Hunden egal ist, dass ein Gegenstand schlecht schmeckt – sie werden trotzdem kauen. Trage diese Abwehrmittel nicht auf und lasse deinen Hund dann allein in der Erwartung, dass er einfach aufhört zu kauen. Du musst die Reaktion deines Hundes sehen, bevor du darauf vertraust, dass die schlechte Angewohnheit gebrochen ist.

Springen

Hunde springen typischerweise auf Menschen, wenn sie sie zum ersten Mal begrüßen. Verwende die folgenden Schritte, wenn du Besuch bekommst (und wenn du jemanden finden kannst, der bereit ist zu helfen, wird das Training umso einfacher).

1. Lege dem Hund eine Leine an, wenn die Person an die Tür klopft oder klingelt. Die Ankunft von jemand anderem wird unweigerlich die meisten Hunde, besonders Welpen, aufregen.

2. Lass die Person herein, aber nähere dich der Person mit dem Welpen erst, wenn er sich beruhigt hat.

3. Lobe überschwänglich, wenn der Welpe alle vier Pfoten auf dem Boden behält. Nähere dich dem Besucher erst, nachdem dein Shiba Inu ruhig ist.

4. Wenn der Welpe hochspringt, drehe deinen Körper weg und ignoriere ihn. Korrigiere ihn nicht verbal. Völlig ignoriert zu werden, wird eine viel größere Abschreckung sein als alle Worte, die du sagen könntest.

5. Gib deinem Hund etwas zum Festhalten in seinem Maul, wenn er sich nicht beruhigt. Manchmal brauchen Hunde einfach eine Aufgabe, um ihre Aufregung zu reduzieren. Ein Stofftier oder Ball sind ideal zur Ablenkung, selbst wenn dein Hund es fallen lässt.

6. Geh in die Hocke und streichle deinen Hund. Wenn jemand auf seiner Höhe ist, wird er sich einbezogen fühlen. Es ermöglicht ihm auch, an deinem Gesicht zu schnüffeln, was Teil einer richtigen Begrüßung ist. Wenn dein Besucher bereit ist zu helfen, kann diese offensichtliche Anerkennung ein Hindernis für das Springen sein, da die Person bereits auf der Ebene deines Hundes ist.

Belohnungsbasiertes Training vs. disziplinbasiertes Training

Andere Kapitel beschreiben die verschiedenen Aspekte des Trainings, aber es ist wichtig, im Auge zu behalten, wie viel effizienter es ist, mit Belohnungen zu trainieren als mit Bestrafungen, besonders bei einer intelligenten Rasse wie dem Shiba Inu. Dies wird eine besondere Herausforderung sein, da Welpen überschwänglich sein können und leicht abgelenkt werden. Es ist wichtig zu bedenken, dass dein Welpe jung ist, also musst du dein Temperament im Zaum halten und lernen, wann du eine Trainingspause einlegen musst.

Mehrere kritische Aspekte, an denen du während des ersten Monats arbeiten musst:

- Stubenreinheit (Kapitel 10)

- Boxentraining (Kapitel 7)

- Bellen (Kapitel 12)

- Schutz (du wirst damit nicht im ersten Monat beginnen, aber du musst anfangen, darauf zu achten, wenn du möchtest, dass dein Hund ein idealer Beschützer wird) (Kapitel 12)

Finde heraus, wie viel der Züchter in Bezug auf Stubenreinheit und Ähnliches getan hat. Die besten Züchter bringen den Welpen möglicherweise sogar ein oder zwei Kommandos bei, bevor sie sie dir mit nach Hause geben. Wenn dies der Fall ist, verwende weiterhin dieselben Kommandos bei deinem Welpen, damit das frühe Training nicht verloren geht. Dies kann dir helfen, den richtigen Tonfall zu finden, da der Welpe bereits weiß, was die Wörter bedeuten und wie er darauf reagieren soll. Sobald er das versteht, wird er schneller erkennen, dass dieser Tonfall die Art ist, wie du sprichst, wenn du trainierst. Es ist eine weitere großartige Möglichkeit, deinem kleinen Liebling zu zeigen, wann du es ernst meinst und wann du spielen willst. Diese Art der Unterscheidung wird von Shiba Inu leicht aufgenommen, und dein Hund wird mehr als glücklich sein, dir zu gehorchen.

Trennungsangst bei Hunden und Welpen

Einige Shiba Inu leiden unter Trennungsangst, und viele von ihnen mögen keine Änderungen im Zeitplan. Selbst diejenigen, die sich nicht so sehr darüber aufregen, allein gelassen zu werden, könnten dein Zuhause aus Langeweile zerstören. Als eine Rasse mit einer Arbeitsgeschichte wird das Gefühl der Trennung nicht so intensiv sein, wenn du deinem Shiba Inu etwas zu tun gibst, während du weg bist; er wird hauptsächlich nur gelangweilt sein. Dennoch ist es ein Problem, mit dem du wahrscheinlich konfrontiert wirst, also musst du im Voraus planen, um deinem Welpen zu helfen zu verstehen, dass deine Abwesenheit nicht bedeutet, dass du nicht zurückkehrst.

Halte zu Beginn die Zeit, in der der Welpe allein ist, auf ein Minimum. Die Geräusche von Menschen, die sich im Haus bewegen, werden deinem Shiba Inu helfen zu verstehen, dass die Trennung nicht dauerhaft ist. Nach etwa einer Woche kann die Alleinzeit damit beginnen, dass du hinausgehst, um die Post zu holen, und den Welpen für ein paar Minuten allein im Haus lässt. Du kannst dann die Zeit, die du vom Welpen weg bist, über einige Tage verlängern, bis der Welpe etwa 30 Minuten allein ist.

Hier sind einige grundlegende Richtlinien für die Zeit, wenn du deinen Welpen zum ersten Mal allein lässt.

- Geh mit dem Welpen etwa 30 Minuten vor deinem Weggehen nach draußen.

- Ermüde den Welpen mit Bewegung oder Spielzeit, damit dein Weggehen keine so große Sache ist.

- Bringe den Welpen deutlich vor deinem Ausgehen in den Welpenbereich, um zu vermeiden, dass er den Raum mit etwas Schlechtem in Verbindung bringt.

Foto Von
Ann Nghiem

- Gib deinem Welpen nicht extra Aufmerksamkeit, kurz bevor du gehst, denn das verstärkt die Idee, dass du Aufmerksamkeit gibst, bevor etwas Schlimmes passiert.

- Vermeide es, deinen Shiba Inu für Verhalten zu tadeln, das während deiner Abwesenheit passiert. Tadel lehrt ihn, gestresster zu sein, weil es so scheinen wird, als ob du wütend nach Hause kommst.

Wenn dein Shiba Inu Anzeichen von Trennungsangst zeigt, gibt es mehrere Dinge, die du tun kannst, um ihm während deiner Abwesenheit Komfort zu bieten.

- Kauspielzeug kann deinem Hund etwas Akzeptables zum Nagen geben, während du weg bist.

- Eine Decke oder ein Hemd, das nach dir oder anderen Familienmitgliedern riecht, kann auch Trost spenden. Wenn du das Teil getragen hast und es nicht sehr schmutzig ist, ist das ideal. Stelle nur sicher, dass du während des Tages, an dem du es getragen hast, nicht mit Chemikalien in Kontakt warst. Du musst auch sicherstellen, dass dein Hund den Gegenstand in deiner Abwesenheit nicht frisst. Überlege, ihm etwas zu geben, von dem du weißt, dass du es nicht wieder tragen wirst, falls er es in Stücke reißt.

- Lasse den Bereich gut beleuchtet, selbst tagsüber. Falls etwas passiert und du später nach Hause kommst als beabsichtigt, möchtest du nicht, dass dein Kleiner im Dunkeln sitzt.

- Schalte eine Stereoanlage (klassische Musik ist am besten) oder einen Fernseher (altmodische Shows ohne laute Geräusche, wie „Mr. Ed" oder „Ich liebe Lucy") ein, damit das Haus nicht völlig still ist und ungewohnte Geräusche weniger auffallen.

Es wird nicht lange dauern, bis dein Shiba Inu die Verhaltensweisen bemerkt, die darauf hindeuten, dass du gehst. Das Greifen nach deinen Schlüsseln, deiner Handtasche, deiner Brieftasche und andere Anzeichen werden schnell zu Auslösern, die deinen Shiba Inu ängstlich machen können, weil er schnell lernen wird, was diese Handlungen bedeuten. Mach keine große Sache daraus. Wenn du dich normal verhältst, wird dies mit der Zeit deinem Kleinen helfen zu verstehen, dass dein Weggehen in Ordnung ist und dass alles gut sein wird.

Wie lange ist zu lange, um allein zu Hause gelassen zu werden?

Obwohl sie sehr unabhängige Hunde sind, kommen Shiba Inu nicht gut damit zurecht, für längere Zeit allein zu Hause gelassen zu werden. Etwa acht Stunden ist alles, was sie bewältigen können, bevor sie anfangen, ängstlich, gelangweilt oder verärgert zu werden. Dies kann erfordern, dass du deinen Welpen in den ersten Tagen so lange in einer Box lässt, aber mit der Zeit sollte dein Ziel sein, deinem Hund zu erlauben, außerhalb der Box zu sein, damit es sich nicht wie eine Bestrafung anfühlt. Dein Begleiter wird es nicht gut finden, stundenlang in einer Box gefangen zu sein. Du musst einige gute Denkspiele oder Beschäftigungen finden, die dein Welpe machen kann, während du weg bist, um zu verhindern, dass dein Shiba Inu destruktiv wird. Deshalb ist es auch wichtig, dass du dein Zuhause vor der Ankunft deines Hundes richtig vorbereitest, besonders wenn du einen erwachsenen Shiba Inu adoptierst. Sobald dein Hund boxentrainiert ist und du anfängst, ihn für längere Zeit allein zu lassen, möchtest du sicherstellen, dass destruktive Impulse so weit wie möglich im Zaum gehalten werden.

Foto Von
Sandy Li

Übertreibe es nicht, körperlich oder geistig

Ein müder Welpe ist wie ein müdes Kleinkind; du musst den Kleinen davor bewahren, sich zu erschöpfen oder diese kleinen Beine zu überanstrengen. Du musst vorsichtig sein, die wachsenden Knochen deines Welpen nicht zu schädigen. Dein Welpe wird wahrscheinlich denken, dass Schlaf unnötig ist, egal wie müde er ist. Es liegt an dir, die Anzeichen zu erkennen, die dir sagen, wann du alle Aktivitäten beenden und deinen Welpen ins Bett bringen oder eine Pause machen solltest.

Das Training muss in Zeitabschnitten durchgeführt werden, die dein Welpe oder Hund bewältigen kann. Achte darauf, dass du das Training nicht über die Konzentrationsschwelle des Welpen hinaustreibst oder dass du deinen erwachsenen Hund nicht mit Kommandos entmutigst, die zu fortgeschritten für ihn sind. Wenn du das Training über die Energieniveaus deines Welpen hinaus fortsetzt, werden die gelernten Lektionen nicht die sein, die du deinem Hund beibringen möchtest. In diesem Alter müssen die Trainingseinheiten nicht lang sein, sie müssen nur konsequent sein.

Spaziergänge werden im ersten Monat viel kürzer sein. Wenn du rausgehst, bleibe in der Nähe deines Zuhauses. Keine Sorge – bis zum Ende des Monats wird dein Welpe viel mehr Ausdauer haben, sodass du längere Spaziergänge und kurze Ausflüge von zu Hause genießen kannst, wenn nötig. Am Ende des ersten Jahres solltest du in der Lage sein, eine kurze Joggingrunde zu machen, je nach Rat deines Tierarztes. Du kannst auch ein bisschen an der Leine im Garten laufen, wenn dein Welpe viel überschüssige Energie hat. Dies wird deinem Shiba Inu helfen zu lernen, wie er sich an der Leine beim Laufen verhalten soll. Welpen neigen dazu, die Leine angreifen zu wollen, weil sie eine Ablenkung vom freien Laufen ist.

Nur weil dein Welpe anfangs keine langen Spaziergänge machen kann, heißt das nicht, dass er nicht viel Energie haben wird. Tägliche Bewegung wird unerlässlich sein, mit der Einschränkung, dass du sicherstellen musst, dass dein Welpe nicht zu viel, zu früh macht. Aktiv zu bleiben wird ihm nicht nur helfen, gesund zu sein, sondern ihn auch geistig zu stimulieren. Du wirst schnell erkennen, wie bewegungsarm du warst, wenn du noch nie zuvor einen Hund hattest, denn du wirst fast die ganze Zeit in Bewegung sein, wenn der Welpe wach ist.

KAPITEL 10
Stubenreinheit

„Shibas werden leicht stubenrein, solange Besitzer konsequent und beharrlich sind! Halte sie in einer Box, wenn du nicht gezielt auf sie achtest, und bring sie sofort nach dem Aufwachen aus einem Nickerchen und nach den Mahlzeiten nach draußen."

CJ Strehle
JADE Shiba Inu

Einen Welpen stubenrein zu bekommen ist nicht schwieriger oder zeitaufwendiger als ein Kleinkind an den Topf zu gewöhnen, und bei einem Shiba Inu ist es sogar etwas einfacher. Es ist wichtig, einen Zeitplan festzulegen und dann nicht davon abzuweichen. Dein neues Familienmitglied wird einen sauberen Bereich wollen und schnell lernen, dir mitzuteilen, wenn es mal muss.

Die Verwendung einer Leine kann sehr hilfreich sein, um sicherzustellen, dass dein Welpe lernt, wann und wo er sein Geschäft verrichten soll. Dennoch wird es Herausforderungen geben, während du versuchst, die Rangordnung zu etablieren und deinen Welpen davon zu überzeugen, auf dich zu hören.

Achte darauf, folgende zwei Regeln konsequent anzuwenden.

1. Lass den Welpen niemals allein im Haus umherlaufen – er sollte immer in seinem dafür vorgesehenen Welpenbereich sein, wenn du ihn nicht beobachtest. Hunde mögen kein schmutziges Bett, daher wird dein Welpe viel seltener Unfälle in seiner Box oder in der Nähe seines Bettes im vorgesehenen Bereich haben. Dein Shiba Inu wird von der Vorstellung, in einer verschmutzten Box zu sein, nicht begeistert sein, was ihn davon abhält, sein Geschäft zu verrichten, wenn du nicht da bist. Er wird möglicherweise nicht den gleichen Ansatz für andere Bereiche des Hauses wählen, wenn er frei herumlaufen darf.

2. Gib deinem Welpen ständigen, einfachen Zugang zu den Orten, an denen du ihn stubenrein machen möchtest. Du wirst häufige Ausflüge nach draußen machen müssen, während dein Welpe lernt, wo er sein Geschäft verrichten soll, besonders wenn ein ständiger Zugang zu einem Platz für sein Geschäft nicht möglich ist. Wenn du

nach draußen gehst, lege deinem Welpen eine Leine an, um sicherzustellen, dass du ihm genau zeigst, wo im Garten er sein Geschäft verrichten soll.

Beginne immer mit einem Trainingsplan und sei dann noch strenger mit dir selbst als mit deinem Welpen, um diesen Zeitplan einzuhalten. Du bist der Schlüssel dafür, dass der Welpe lernt, wo es akzeptabel ist, sein Geschäft zu verrichten.

Drinnen oder draußen – Optionen und Überlegungen zur Stubenreinheit

Wenn dein Züchter bereits mit dem Stubenreinheitstraining des Welpen begonnen hat, bleibe bei der Methode, die verwendet wurde.

Du hast folgende Optionen für das Stubenreinheitstraining deines Welpen:

- Hundeklo-Pads – Du solltest mehrere im Haus für das Training haben, auch im Bereich des Welpen, aber so weit wie möglich vom Bett entfernt.

- Regelmäßige Ausflüge nach draußen – Organisiere diese basierend auf dem Schlaf- und Essrhythmus deines Welpen.

Foto Von
Gabe & Natty Hynes

- Belohnungen – Du kannst am Anfang Leckerlis verwenden, aber schnell zu Lob übergehen.

Am Anfang ist der beste Weg, deinen Hund stubenrein zu bekommen, viele Male nach draußen zu gehen, auch nachts, damit dein Welpe lernt, all sein Geschäft draußen zu erledigen. In den ersten Monaten ist es am besten, eine Leine zu verwenden, wenn du den Welpen nach draußen bringst. Das wird ihm helfen, an der Leine zu laufen und verhindert, dass er abgelenkt wird, bevor er sein Geschäft erledigt.

Eine Warnung – beginne nicht mit dem Loben des Welpen, bevor er mit seinem Geschäft fertig ist. Eine Unterbrechung während des Geschäfts könnte dazu führen, dass der Welpe aufhört, was die Wahrscheinlichkeit erhöht, dass er wieder muss, nachdem ihr wieder drinnen seid.

Einen Zeitplan festlegen

Du musst deinen Welpen im Auge behalten und konsequent Stubenreinheits-Trainingseinheiten durchführen:

- Nach dem Fressen
- Nach dem Aufwachen aus dem Schlaf oder jedem Nickerchen
- Nach einem festen Zeitplan (nachdem dieser etabliert wurde)

Achte bei deinem Shiba Inu auf Hinweise wie Schnüffeln und Kreisen, zwei sehr häufige Aktivitäten, wenn ein Welpe nach einem Platz zum Lösen sucht. Beginne, deinen Zeitplan auf die individuellen Bedürfnisse deines Welpen abzustimmen.

Welpen haben kleine Blasen und wenig Kontrolle in den ersten Tagen. Wenn du deinen Welpen darauf trainieren musst, drinnen zu gehen, muss es einen einzigen festgelegten Platz mit einem sauberen Pad im Welpenbereich geben, und du musst dich mit den entsprechenden Pads eindecken, damit der Welpe irgendwo hinmachen kann, außer auf den Boden. Achte darauf, diese Pads regelmäßig zu wechseln, damit sich dein Welpe nicht daran gewöhnt, Ausscheidungen in der Nähe zu haben. Die Pads sind besser als Zeitungspapier und können mehr absorbieren. Du musst planen, so schnell wie möglich zum Geschäft im Freien überzugehen, aber das sollte bei einem Shiba Inu kein allzu großes Problem sein.

Foto Von
Ann Nghiem

Einen Ort wählen

„Plane, wie du den Welpen nach draußen bringst, um sein Geschäft zu verrichten – dies ist eine saubere Rasse, die oft schon mit 7 Wochen stubenrein ist und NICHT drinnen sein Geschäft verrichtet. Und sei darauf vorbereitet, den Welpen tagsüber alle 4 Stunden nach draußen zu bringen – bei Regen oder Sonnenschein.“

Susan Norris-Jones
SunJo Shiba Inu & Japanese Chin

Ein festgelegter Toilettenbereich kann das Stubenreinheitstraining erleichtern, da der Shiba Inu beginnt, einen Bereich des Gartens mit diesem einen Zweck zu verbinden, anstatt herumzuschnüffeln, bis er einen geeigneten Platz findet. Wenn er regelmäßig an einer Stelle sein Geschäft verrichtet, wird auch die Reinigung viel einfacher; so kannst du weiterhin den gesamten Garten nutzen, ohne dir Sorgen machen zu müssen, dass du oder jemand anderes in Ausscheidungen trittst, wenn ihr nach draußen geht.

Spaziergänge sind die perfekte Zeit, um deinen Welpen darauf zu trainieren, sein Geschäft zu verrichten. Zwischen Spaziergängen und dem Garten wird dein Welpe die Leine als Zeichen sehen, dass es Zeit ist, seine Blase zu entleeren, was zu einer pawlowschen Reaktion werden könnte. Da Shiba Inu so intelligent sind, wird dein Begleiter nicht lange brauchen, den Zusammenhang zu verstehen.

Achte darauf, dass du deinem Welpen die ganze Zeit, die ihr draußen seid, Aufmerksamkeit schenkst. Du musst sicherstellen, dass er versteht, dass der Zweck des Hinausgehens darin besteht, sein Geschäft zu verrichten. Schicke deinen Welpen nicht nach draußen und gehe davon aus, dass er getan hat, was du von ihm wolltest. Bis es keine Unfälle mehr im Haus gibt, musst du überprüfen, dass dein Welpe nicht den Fokus verliert, während er draußen ist.

Schlüsselwort-Training

Jedes Training sollte Schlüsselwörter beinhalten, auch das Stubenreinheitstraining. Du und alle Familienmitglieder sollten wissen, welche Wörter beim Training deines Hundes für den Toilettengang verwendet werden sollen, und ihr solltet alle diese Wörter konsequent verwenden. Wenn du einen Erwachsenen mit einem Kind gepaart hast, sollte der Erwachsene derjenige sein, der das Schlüsselwort während des Trainings verwendet.

Um deinen Welpen nicht zu verwirren, achte darauf, keine Wörter zu wählen, die du oft im Haus verwendest. Verwende einen Ausdruck wie „Mach mal" oder „Los geht's", um deinem Welpen mitzuteilen, dass es Zeit ist, an die Arbeit zu gehen, nicht etwas, das das Wort Toilette oder Pipi enthält – dies sind Wörter, die du wahrscheinlich drinnen sagen wirst, was ihn dazu bringen könnte, zu gehen, wenn du nicht meinst, dass er gehen soll. „Mach mal" ist kein Ausdruck, den die meisten Menschen in ihrer täglichen Routine verwenden, daher ist es nichts, was du wahrscheinlich sagen wirst, wenn du nicht möchtest, dass dein Welpe die Toilette benutzt.

Sobald dein Welpe gelernt hat, auf Kommando sein Geschäft zu verrichten, stelle sicher, dass er fertig ist, bevor du ihn lobst oder belohnst.

Belohne gutes Verhalten mit positiver Verstärkung

Positive Verstärkung ist unglaublich effektiv bei Shiba Inu. Nimm am Anfang ein paar Stücke Trockenfutter mit, wenn du deinem Welpen beibringst, wo er hingehen soll, sowohl innerhalb als auch außerhalb des Hauses. Zu lernen, dass du derjenige bist, der das Sagen hat, wird dem Shiba Inu helfen, sich an dich zu wenden, um Hinweise und Anweisungen zu erhalten.

Teil des konsequenten Trainings bedeutet, den Kleinen mit Lob zu überschütten, wann immer dein Welpe das Richtige tut. Wenn du deinen Welpen sanft an der Leine ohne andere Stopps zu dem Bereich führst, wird es nach und nach offensichtlich, dass dein Shiba Inu dorthin gehen sollte, um die Toilette zu benutzen. Sobald ihr draußen seid, ermutige deinen Shiba Inu, sein Geschäft zu verrichten, wenn ihr an der Stelle im Garten ankommt, die als sein Toilettenplatz gedacht ist. Sobald er sein Geschäft erledigt hat, lobe ihn sofort und sehr enthusiastisches. Streichle deinen Welpen, während du mit ihm sprichst, um dem Kleinen zu zeigen, wie gut die Aktion war. Sobald das Lob vorbei ist, gehe sofort wieder hinein. Dies ist keine Spielzeit. Du möchtest, dass dein Welpe bestimmte Ausflüge mit der vorgesehenen Toilettenzeit verbindet.

Lob ist für Shiba Inu viel effektiver, aber du kannst deinem Welpen auch nach einigen erfolgreichen Ausflügen nach draußen ein Leckerli geben. Mache Leckerlis auf keinen Fall zur Gewohnheit nach jedem Ausflug, denn du möchtest nicht, dass dein Shiba Inu jedes Mal eines erwartet, wenn er sein Geschäft erledigt. Die Lektion ist, nach draußen zu gehen, und das kann Leckerlis beinhalten. Die meisten Shiba Inu werden damit zufrieden sein, einfach ihren Bereich sauber zu halten, daher wird dein Kleiner nicht lange Leckerlis benötigen, sobald er sich daran gewöhnt hat, nach draußen zu gehen.

Der beste Weg, in den ersten ein oder zwei Monaten zu trainieren, ist, alle ein bis zwei Stunden nach draußen zu gehen, auch nachts. Du musst einen Wecker stellen, um dich innerhalb dieser Zeit zu wecken, um den Welpen nach draußen zu bringen. Verwende die Leine, um den Fokus auf das Toilettengeschäft zu legen, gib das gleiche enthusiastische Lob und kehre dann sofort ins Haus zurück und gehe ins Bett. Es ist schwierig, aber dein Shiba Inu wird es viel schneller verstehen, wenn es keine lange Pause zwischen den Toilettengängen gibt. Mit der Zeit wird der Welpe weniger häufig nach draußen müssen, was dir mehr Ruhe gibt.

Wenn dein Shiba Inu einen Unfall hat, ist es wichtig, davon abzusehen, den Welpen zu bestrafen. Unfälle sind kein Grund zur Bestrafung – sie spiegeln eher dein Training und deinen Zeitplan wider als das, was der Welpe gelernt hat. Dennoch sind Unfälle so gut wie unvermeidlich. Wenn es passiert, sage deinem Welpen: „Nein. Pipi draußen!" und reinige das Durcheinander sofort. Sobald das erledigt ist, bring den Welpen nach draußen, um sein Geschäft zu verrichten. Natürlich bekommt dein Welpe kein Lob, wenn er nicht geht.

Putzen

Reinige jedes Durcheinander im Haus, sobald du es entdeckst. Außer wenn du deinen Welpen beim Toilettengang im Haus siehst, gibt es keinen Grund für negative Verstärkung. Dein Hund wird einfach lernen, sein Durcheinander zu verstecken, um eine Bestrafung zu vermeiden. Bring den Hund stattdessen nach draußen und schau, ob er die Toilette benutzen wird. Wenn jemand zu Hause ist, ist es am besten, das Durcheinander so schnell wie möglich zu beseitigen. Nimm dir etwas Zeit, um zu recherchieren, welche Art von Reinigungsmittel du verwenden möchtest, ob generisch oder ganzheitlich. Shiba Inu haben kein Problem damit, ihr Revier zu markieren, besonders wenn sie richtig trainiert sind, aber du möchtest vielleicht besuchende Hunde davon abhalten, Bereiche zu beanspruchen, in denen dein Welpe Unfälle hatte. Enzymreiniger sind am besten für die Reinigung von Welpenunfällen geeignet.

Achte darauf, wann diese Unfälle passieren, und stelle fest, ob es eine Gemeinsamkeit zwischen ihnen gibt. Vielleicht musst du einen zusätzlichen Ausflug nach draußen für deinen Welpen einplanen oder solltest eine Änderung in seinem Spaziergangsplan vornehmen. Oder vielleicht gibt es etwas, das deinen Hund erschreckt und einen Unfall verursacht.

KAPITEL 11
Sozialisierung

Der Shiba Inu ist eine würdevolle Rasse, die keinerlei Anzeichen von Angst zeigt. Wenn sie nicht richtig sozialisiert werden, können sie unter Ängsten leiden, was sie aggressiver gegenüber anderen Hunden macht. Da sie wahre Ausbruchskünstler sind, musst du unbedingt sicherstellen, dass du deinen Welpen gut sozialisierst, damit er im Falle eines Ausbruchs keinen größeren Gefahren ausgesetzt ist. Paradoxerweise neigt ein schlecht sozialisierter Shiba Inu sogar eher dazu auszubüxen. Da er ein Familienmitglied ist, möchtest du, dass dein Shiba Inu sich in der Gegenwart anderer Menschen und Hunde wohlfühlt und lernt, dass die meisten von ihnen keine Bedrohung darstellen – auch wenn sie nicht erkennen, dass dein Shiba Inu der Chef ist.

Die Sozialisierung ermöglicht deinem Shiba Inu-Welpen zu lernen, dass es viel Spaß machen kann, mit Menschen zu spielen, die du in dein Zuhause einlädst, und mit Hunden, denen ihr bei euren Spaziergängen begegnet – wenn dein Shiba Inu gerade in Interaktionslaune ist. Um sicherzustellen, dass sich dein Shiba Inu wohlfühlt, musst du die Sozialisierung von einem sehr frühen Alter an planen.

Denk daran, dass dein Welpe alle Impfungen haben sollte, bevor er anderen Hunden ausgesetzt wird.

Foto Von
Whitney Kono

Foto Von
Diane Leighton

Sozialisierung kann das Leben auf lange Sicht erleichtern

Alle Hunde brauchen Sozialisierung, aber intelligente Rassen haben analytischere Köpfe. Daher möchtest du, dass sie so früh wie möglich lernen, dass die Welt meistens sicher ist und andere Menschen und Tiere in der Regel keine Bedrohung darstellen. Es wird dir auch helfen, wenn dein Welpe lernt, dass dominantes, aggressives Verhalten nicht akzeptabel ist.

Der Vorteil einer frühen Sozialisierung ist, dass sie das Leben für alle Beteiligten angenehmer machen kann, unabhängig von der Situation. Ein sozialisierter Hund wird der Welt mit einer viel besseren Einstellung begegnen als ein Hund, der nicht sozialisiert ist.

Die meisten Shiba Inus, die nicht richtig sozialisiert wurden, wollen andere Hunde dominieren. Sie suchen nicht unbedingt den Kampf mit Hunden, denen sie begegnen, aber sie wollen, dass die anderen Hunde wissen, wer der Chef ist. Das macht Ausflüge weniger angenehm und könnte deinem Shiba Inu schaden, wenn er es schafft, aus deinem Zuhause auszubrechen.

Neue Menschen begrüßen

Deinem Shiba Inu beizubringen, wie er mit Besuchern umgehen soll, kann etwas länger dauern, da er möglicherweise nicht in der Stimmung für soziale Interaktionen ist – und die Leute werden deinen niedlichen kleinen Hund streicheln wollen. Es wird genauso wichtig sein, den Menschen mitzuteilen, wie sie mit deinem Hund umgehen sollen, wie deinem Hund beizubringen, wie er mit Besuchern umgehen soll. Lass deine Besucher wissen, dass sie den Hund in Ruhe lassen sollen, wenn er kein Interesse an einer Vorstellung zeigt.

Welpen werden wahrscheinlich gerne neue Menschen kennenlernen, also lade unbedingt Leute ein, um bei der Sozialisierung deines vierbeinigen Familienmitglieds zu helfen. Um deinen Welpen einer neuen Person vorzustellen, versuche eine dieser Methoden:

1. Versuche, deinen Welpen wenn möglich täglich mit neuen Menschen zusammenzubringen. Das kann während Spaziergängen oder bei anderen Aktivitäten außerhalb des Hauses sein. Wenn du nicht täglich neue Menschen treffen kannst, versuche es mindestens viermal pro Woche.

2. Lade Freunde und Familie ein und lass sie ein paar Minuten damit verbringen, dem Welpen Aufmerksamkeit zu schenken. Wenn dein Welpe ein Lieblingsspiel oder eine Lieblingsaktivität hat, teile es den Leuten mit, damit sie mit ihm spielen können. Das wird den kleinen Kerl sehr schnell für sich gewinnen und ihm beibringen, dass neue Menschen Spaß machen und sicher sind.

3. Sobald dein Welpe alt genug ist, um Tricks zu lernen (nach dem ersten Monat – versuche nicht, ihm sofort Tricks beizubringen), lass deinen kleinen Freund die Tricks für Besucher vorführen. Das wird besonders wichtig, wenn dein Welpe größer wird, denn viele Menschen sind nervös in der Nähe von Hunden jeder Größe. Eine Vorführung von Tricks hilft ihnen zu sehen, dass dein Hund genauso verspielt und albern ist wie andere Hunde.

4. Vermeide in den ersten Monaten Menschenmengen. Wenn dein Welpe einige Monate bis ein Jahr alt ist, besuche einige hundefreundliche Veranstaltungen, damit dein Welpe lernt, sich in einer großen Gruppe von Menschen nicht unwohl zu fühlen.

Foto Von
Trisha Cutright

Neue Hunde begrüßen

„Shibas können hundeaggressiv sein (und sind es oft), selbst mit richtiger Erziehung."

CJ Strehle
JADE Shiba Inu

Kapitel 8 behandelt die Einführung deines neuen Shiba Inu bei deinen anderen Hunden, aber die Begegnung mit fremden Hunden ist etwas anders. Die meisten Hunde verbeugen sich und beschnüffeln sich bei einer Vorstellung. Achte auf die gleichen Anzeichen von Aggression, die in Kapitel 8 beschrieben wurden, wie aufgestelltes Nackenfell und gebleckte Zähne. Verbeugungen, hochgehaltener Schwanz und gespitzte Ohren bedeuten normalerweise, dass dein Shiba Inu aufgeregt ist, den Hund zu treffen. Wenn dein Shiba Inu Geräusche macht, achte auf Anzeichen von Aggression, um sicherzustellen, dass die Laute spielerisch und nicht unbehaglich sind.

Eine Sache, die die meisten Shiba Inus nicht mögen, ist, wenn ein anderer Hund ohne Vorwarnung in ihren Raum eindringt. Ein Hund, der von hinten kommt und schnüffelt, könnte eine aggressive Reaktion auslösen, wenn dein Shiba Inu nicht bemerkt hat, dass der Hund sich nähert. Dies wird wahrscheinlich ein größeres Problem sein, wenn dein Hund älter wird und nicht mehr so gut hört oder sieht. Solange er jung ist, kannst du Menschen mit überbegeisterten Hunden warnen, ihren Hund nicht zu nah an deinen heranzulassen.

Sei vorsichtig und langsam bei der Vorstellung. Es ist möglich, dass dein Shiba Inu nicht von hinten beschnüffelt werden möchte. In diesem Fall stelle sicher, dass du andere Hunde davon abhältst, hinter deinen Hund zu gehen.

Die Bedeutung fortlaufender Sozialisierung

Die Sozialisierung ist bei keinem Hund jemals abgeschlossen, besonders nicht bei einem so unabhängigen Hund wie einem Shiba Inu. Sicherzustellen, dass der Welpe Kontakt zu anderen Menschen und anderen Hunden hat, wird wichtig sein, um zu verhindern, dass er zu aggressiv oder dominant wird. Das bedeutet nicht, ihn zur Interaktion zu zwingen, aber die Teilnahme an Kursen und das Einrichten von Spieltreffen werden deinem Hund einen Grund geben, sich auf Begegnungen mit anderen zu freuen.

Du musst dafür aber nicht unbedingt das Haus verlassen, wenn du nicht möchtest. Lade regelmäßig Familie und Freunde ein, besonders wenn sie ihre Hunde mitbringen, damit dein Shiba Inu ständig daran erinnert wird, dass sein Zuhause ein einladender Ort ist und kein Ort, an dem er seine Dominanz ausüben muss. Du möchtest nicht, dass dein Welpe das Gefühl hat, dass draußen alles in Ordnung ist, er zu Hause aber Terror machen kann.

Einen erwachsenen Hund sozialisieren

Manchmal ist ein erwachsener Hund zu festgefahren in seinen Gewohnheiten, um sich zu ändern, besonders wenn dein Hund bereits im goldenen Alter ist. Die meisten erwachsenen Hunde können jedoch sozialisiert werden, solange du es zu deiner obersten Priorität machst (zusammen mit dem Training). Wenn du nicht bereit bist, sehr geduldig mit deinem erwachsenen Shiba Inu zu sein, dann ist es besser, keinen erwachsenen Hund zu adoptieren. Ihre eigensinnige Natur macht es zu einer Menge Arbeit, und du musst bereit sein, geduldig zu sein. Bevor du mit der Sozialisierung deines Hundes beginnen kannst, musst du sicherstellen, dass er bereits einige grundlegende Befehle kennt und dass du ihn unter Kontrolle hast, bevor Begegnungen stattfinden.

Die Sozialisierung eines erwachsenen Hundes erfordert viel Zeit, Hingabe, sanftes Training und einen festen Ansatz. Du hast vielleicht das Glück, einen Erwachsenen zu bekommen, der bereits gut sozialisiert ist. Das bedeutet jedoch nicht, dass du völlig entspannt sein kannst. Der Hund hat möglicherweise eine schlechte Erfahrung mit einer bestimmten Hunderasse gemacht, von der niemand weiß.

1. Dein Hund sollte die folgenden Befehle beherrschen, bevor du an der Sozialisierung arbeitest:

   a. Sitz

   b. Platz

   c. Beifuß

Es könnte auch hilfreich sein, wenn dein Hund „Bleib" und „Leg dich hin" kennt. Wenn dein Hund auf deinen Befehl hin an einem Ort bleiben kann, dann zeigt dein Hund Selbstkontrolle – etwas, das für die Sozialisierung sehr hilfreich sein wird, weil du einen aggressiven Impuls übersteuern kannst, indem du den Hörmodus aktivierst. Wenn du nach draußen gehst, musst du sehr aufmerksam auf deine Umgebung achten (dein Shiba Inu wird sehr wachsam sein, also kannst du nicht am Handy sein oder irgendetwas anderes tun, als auf deine Umgebung zu achten) und in der Lage sein, deinem Hund einen Befehl zu erteilen, bevor ein anderer Hund oder eine Person in die Nähe kommt.

2. Benutze eine kurze Leine beim Spazierengehen. Beim ersten Anzeichen von Aggression musst du umdrehen und in die entgegengesetzte Richtung gehen. Das Bewusstsein für deine Umgebung wird dir helfen zu erkennen, worauf dein Hund reagiert, damit du deinem Hund beibringen kannst, nicht negativ zu reagieren.

3. Ändere die Richtung, wenn du bemerkst, dass dein Shiba Inu nicht gut auf eine bestimmte Person oder einen Hund reagiert, der sich dir nähert. Vermeidung ist eine gute kurzfristige Lösung, bis du weißt, dass dein Hund die Anwesenheit dieser anderen Hunde oder Menschen besser akzeptiert.

Foto Von
Brooke Steinbach

Wenn du keine andere Richtung einschlagen kannst, befiehl deinem Hund zu sitzen und blockiere dann seine Sicht. Das kann sich als sehr herausfordernd erweisen, da dein Hund versuchen wird, um dich herumzuschauen. Führe ein Training durch, um deinen Hund zu zwingen, dir zuzuhören und seinen Geist von dem abzulenken, was auf ihn zukommt.

4. Bitte Freunde mit freundlichen Hunden, dich zu besuchen, und treffe dich mit ihnen in einem eingezäunten Bereich. Wenn ein oder zwei freundliche Hunde mit deinem Hund interagieren, kann das deinem Shiba Inu helfen zu sehen, dass nicht alle Hunde gefährlich sind oder in ihre Schranken gewiesen werden müssen. Wenn die Hunde gemeinsam in dem Bereich herumlaufen, ohne viel zu interagieren, kann das deinem Hund helfen zu lernen, dass andere Hunde normalerweise nur daran interessiert sind, die Umgebung zu genießen, und es keinen Grund gibt, sie einzuschüchtern.

5. Besorge spezielle Leckerlis nur für Spaziergänge. Wenn dein Hund beim Spazierengehen sehr aggressiv ist, lass ihn sitzen und gib ihm eines der speziellen Leckerlis. Shiba Inus sind futtergetrieben, daher könnte dies eine perfekte Möglichkeit sein, deinen Hund von dem abzulenken, was seinen Beschützerinstinkt weckt. Beim ersten Knurren oder Anzeichen von Aggression aktiviere die Trainingsmentalität und nutze den Wunsch deines Hundes nach diesen speziellen Leckerlis. Diese Methode ist langsam, aber sie ist auf lange Sicht zuverlässig, weil dein Hund lernt, dass das Erscheinen von Fremden und anderen Hunden spezielle Leckerlis bedeutet – eine positive Erfahrung, keine negative. Dies trainiert den Hund jedoch nicht, mit diesen Hunden zu interagieren. Du kannst es mit dem vierten Vorschlag kombinieren, um die besten Ergebnisse zu erzielen.

Wenn du Probleme mit deinem erwachsenen Hund hast, wende dich an einen Verhaltenstherapeuten oder spezialisierten Trainer.

Umgang mit Dominanz

Dominante Hunde handeln mit größerer Wahrscheinlichkeit aggressiv, wenn jemand versucht, mit ihnen zu interagieren und der Hund kein Interesse hat. Sie versuchen auch eher, ihren eigenen Willen durchzusetzen, was bedeutet, dass sie ständig die Regeln testen. Es ist unglaublich unwahrscheinlich, dass sie bei einer Herausforderung nachgeben oder sich unterwerfen, was die Wahrscheinlichkeit eines Kampfes erhöht.

Das Folgende wird dir helfen, besser mit einem dominanten Hund umzugehen.

- Der beste Weg, damit umzugehen, ist, fest und ruhig zu bleiben. Wenn du anfängst zu schreien oder Angst bei deinem Shiba Inu erzeugst, gibst du ihm nur mehr Gründe, verärgert und gestresst zu sein, was genau das Gegenteil von dem ist, was du willst. Anstatt dieser negativen Reaktionen entferne deinen Hund aus stressigen Situationen.

- Verwende keine Art von körperlicher Bestrafung, um deinen Hund zu korrigieren. Dies ermutigt ihn, körperlich zu reagieren, was die Wahrscheinlichkeit erhöht, dass er andere beißt oder nach ihnen schnappt.

Foto Von
Marvin Forquer

- Überwache immer die Interaktionen deines Hundes mit anderen, besonders in der Anfangszeit, damit du eingreifen kannst, bevor die Warnzeichen für Aggression zu Handlungen werden.

- Konsequenz ist absolut entscheidend, um deinem Shiba Inu zu helfen, die Regeln zu lernen. Wenn du nicht willst, dass dein Shiba Inu Spielzeug verteidigt, kannst du deinem Hund nicht erlauben zu knurren, wenn Menschen in die Nähe der Spielzeuge kommen. Wenn du nicht willst, dass dein Shiba Inu auf den Möbeln sitzt, darfst du deinen Shiba Inu niemals auf die Möbel lassen. Jede Abweichung von den Regeln wird als Schwäche bei dir angesehen. Setze die Regeln fest und halte dich dann immer daran. Das bedeutet auch, dass alle Familienmitglieder sich ebenfalls daran halten müssen.

- Gehorsamkeitskurse werden empfohlen. Kapitel 12 bietet etwas mehr Informationen darüber, wann mit den Kursen begonnen werden sollte.

- Besorge die passende Ausrüstung für deinen Hund. Wenn dein Hund in der Vergangenheit jemanden gebissen hat, solltest du einen Maulkorb haben, um weiteres Beißen zu verhindern, wenn du Besucher hast. Wenn dein Hund Anzeichen von Aggression zeigt, kann eine Schleppleine hilfreich sein, um sicherzustellen, dass du deinen Shiba Inu bei Spaziergängen unter Kontrolle hältst.

Einen dominanten Hund in einen Hundepark zu bringen, ist eine besondere Herausforderung, und es geht genauso darum, die anderen Menschen und Hunde im Auge zu behalten wie deinen eigenen. Hundeparks können ein großartiger Ort für deinen Hund sein, um zu sozialisieren, aber du musst einen Park besuchen, in dem es verantwortungsbewusste Menschen gibt. Du möchtest nicht an einen Ort gehen, wo die Menschen mehr Zeit damit verbringen, miteinander zu sozialisieren und ihre Hunde ignorieren. Dies erhöht die Wahrscheinlichkeit eines Kampfes.

Wenn du dich entscheidest, in den Hundepark zu gehen, musst du ständig auf deinen Hund achten. Du musst nicht nur auf Anzeichen von Problemen bei deinem Hund achten, sondern auch sicherstellen, dass die Menschen deinen Hund nicht auf eine Weise behandeln, die nicht akzeptabel ist. Sie möchten deinen Shiba Inu vielleicht streicheln und mit ihm spielen, weil er so niedlich ist. Wenn dein Shiba Inu kein Interesse hat, möchtest du nicht, dass Menschen (besonders Kinder) versuchen, mit ihm zu spielen. Du möchtest auch nicht, dass andere Menschen versuchen, deinen Shiba Inu zu „erziehen", denn das wird nicht gut enden.

KAPITEL 12
Deinen Shiba Inu trainieren

„Es ist am besten, deinen Shiba-Welpen darauf zu trainieren, zu gehorchen und in deiner Nähe zu bleiben. Die Rasse ist dafür bekannt, bei jeder Gelegenheit auszubüxen und davonzulaufen."

Jan Hill
Dark Knight Shibas

Shiba Inu ist eine Rasse, die immer in der Lage ist, etwas Neues zu lernen, und wenn sie in der richtigen Stimmung ist, kann das Training sowohl Spaß machen als auch lohnend sein. Wenn sie allerdings nicht in der Stimmung sind, wird das Training exponentiell schwieriger. Diese Rasse verfügt sowohl über Energie als auch über Köpfchen, sodass du viele Möglichkeiten hast, wie du deinen Hund trainieren möchtest. Kommandos wie „Roll dich", „Gib Laut", „Gib Pfötchen" und „Spiel tot" sind für einen Shiba Inu etwa genauso leicht zu erlernen wie die meisten Grundkommandos – solange dein Shiba Inu lernen möchte. Nimm dir etwas Zeit, um all die großartigen Dinge zu entdecken, die Shiba Inu können. Sie mögen es zwar gerne, dass alles nach ihrer Nase geht, aber sie lieben es auch zu lernen und sind unglaublich geschickte Lerner.

Foto Von
Whitney Kono

Das Einzige, was du beachten musst, ist, dass du geduldig sein musst. Es gibt einen Grund, warum der Shiba Inu auf fast jeder Liste der am schwierigsten zu trainierenden Rassen steht, und es gibt weitaus mehr falsche als richtige Wege, sie zu trainieren, wenn man bedenkt, wie stur sie sind.

Vorteile einer richtigen Ausbildung

Neben der Erleichterung der So-zialisierung und allgemeiner Ausflü-ge könnte Training eine Möglichkeit sein, das Leben deines Hundes zu retten. Das Verstehen von Komman-dos wird deinem Hund helfen, nicht auf die Straße zu laufen oder auf Pro-vokationen anderer Hunde zu rea-gieren (oder selbst als Aggressor auf-zutreten). Da sie wahre Ausbruchs-künstler sind, könnte dies auch eine Zeitersparnis sein, falls dein Hund dir einmal entkommt.

Foto Von
Ashley Antill

Training ist eine großartige Mög-lichkeit, eine Bindung zu deinem Hund aufzubauen. Es gibt euch ge-meinsame Zeit und hilft dir, die sich entwickelnde Persönlichkeit eines Welpen zu verstehen und zu lernen, welche Arten von Belohnungen für andere Aufgaben wie die Sozialisie-rung am besten funktionieren.

Der angenehmste Vorteil einer soliden Trainingsgrundlage ist die Möglichkeit, deinem Hund viel mehr beibringen zu können. Dies ist ein Hund, der bei so vielen menschlichen Aktivitäten mitmachen kann, wie Kajakfahren, Wandern und Ballspielen. Du solltest sicherstellen, dass dein Shiba Inu gut ausgebildet ist, damit ihr eine Vielzahl von Aktivitäten genießen könnt.

Foto Von
Karolina Bialkowska

Die richtige Belohnung wählen

„Training kann eine Herausforderung sein! Manche Shibas sind nicht futterorientiert und arbeiten auch nicht nur für Streicheleinheiten. Sie eignen sich oft nicht als Gehorsamkeitshunde, weil sie die Dinge gerne auf IHRE Weise machen.“

__CJ Strehle__
JADE Shiba Inu

Die richtige Belohnung für einen Shiba Inu wird letztendlich Liebe und Zuneigung sein. Leckerlis sind der einfachste Weg, einem Welpen zu vermitteln, dass das Ausführen von Tricks ein gutes Verhalten ist. Bald wirst du jedoch zu etwas übergehen müssen, das als sekundärer Verstärker dient. Lob, zusätzliche Spielzeit und extra Streicheleinheiten sind alles fantastische Belohnungen für Shiba Inu, je nach der aktuellen Stimmung deines Hundes. Trotz ihrer gelegentlichen kalten Schulter lieben sie ihre Menschen. Sie werden dir nur wahrscheinlich nicht wie viele andere Hunderassen hinterherlaufen. Sich hinzusetzen, um einen Film anzuschauen und deinen Welpen bei dir sitzen zu lassen, ist eine großartige Belohnung nach einer intensiven Trainingseinheit. Dein Welpe hat nicht nur gelernt, sondern ihr beide könnt euch jetzt zusammen entspannen.

Wenn du möchtest, dass dein Shiba Inu positives Feedback mit einem Geräusch verbindet, kannst du einen Klicker verwenden. Sie sind relativ günstig und müssen gleichzeitig mit deinem Lob für deinen Welpen oder Hund eingesetzt werden. Sie sind nicht notwendig, aber einige Trainer verwenden sie. Es liegt an dir, ob du noch eine Sache mehr mit dir herumtragen möchtest, während du deinen Welpen trainierst und mit ihm spazieren gehst.

Namenserkennung

Im Laufe der Zeit fallen vielen von uns mehrere Namen für unsere Hunde ein. Spitznamen, Scherznamen und Beschreibungen, die auf einigen ihrer lächerlichen Aktionen basieren (deshalb lieben wir sie), können alle später verwendet werden. Bevor du jedoch einen Hund trainieren kannst, musst du sicherstellen, dass dein Hund seinen richtigen Namen versteht.

1. Besorge dir einige Leckerlis und zeige deinem Hund eines.

*Foto Von
Sophie Riggs*

2. Sage den Namen des Hundes, sage sofort „Ja" (dein Hund sollte dich ansehen, wenn du sprichst) und gib deinem Hund dann ein Leckerli.

3. Warte 10 Sekunden, zeige deinem Hund dann ein Leckerli und wiederhole Schritt 2.

Die Trainingseinheiten sollten nicht länger als etwa fünf Minuten dauern, da dein Hund sonst entweder die Konzentration oder das Interesse verliert. Die Namenserkennung ist etwas, das du mehrmals am Tag üben kannst. Nachdem du dies über fünf bis zehn Sitzungen gemacht hast, wird sich das Training ein wenig ändern.

1. Warte, bis dein Hund dir keine Aufmerksamkeit schenkt.

2. Rufe deinen Hund. Wenn der Hund an der Leine ist, gib ihm einen sanften Zug, um seine Aufmerksamkeit zu bekommen.

3. Sage „Ja" und gib dem Hund ein Leckerli, wenn er dich ansieht.

Während dieser Zeit solltest du den Namen deines Hundes nicht bei Korrekturen oder ohne wirklichen Grund aussprechen. Das liegt daran, dass du am Anfang den Hund dazu bringen musst, den Namen nur mit etwas sehr Positivem zu verbinden, wie Leckerlis. Dies wird deinen Hund schneller darauf programmieren, dir zuzuhören, egal was sonst um ihn herum passiert.

Es ist wahrscheinlich, dass dein Shiba Inu nicht viel Zeit brauchen wird, bis er seinen Namen erkennt.

Wesentliche Kommandos

Es gibt fünf grundlegende Kommandos, die alle Hunde kennen sollten. Diese Kommandos sind die Grundlage für eine glückliche und angenehme Beziehung zu deinem Hund. Bis dein Welpe alle fünf Kommandos gelernt hat, wird der Zusammenhang zwischen den Worten, die du sagst, und den erwarteten Handlungen deutlicher sein. Dies wird dem Hund helfen, neue Wörter im Sinne von Erwartungen zu verstehen und es wird viel einfacher sein, ihm komplexere Konzepte beizubringen.

Trainiere deinen Welpen, die Kommandos in der Reihenfolge auszuführen, in der sie in diesem Kapitel erscheinen. Sitz ist ein grundlegendes Kommando und etwas, das alle Hunde bereits von Natur aus tun. Da Hunde dazu neigen, oft zu sitzen, ist es am einfachsten zu lehren. „Lass es" und „Aus" beizubringen ist viel schwieriger und erfordert normalerweise, dass der Welpe gegen einen Instinkt oder ein Verlangen ankämpft. Überlege, wie sehr du etwas nachgibst, das du tun möchtest, obwohl du weißt, dass du es nicht solltest – das ist im Grunde das, womit du konfrontiert bist, aber mit einem Welpen. „Ruhig" kann ein weiteres schwieriges Kommando sein, da Hunde (besonders Welpen) dazu neigen, als natürliche Reaktion auf etwas zu bellen. Diese beiden Kommandos werden länger dauern, um sie zu lehren, daher solltest du bereits die notwendigen Werkzeuge zur Hand haben, um deine Erfolgschancen zu erhöhen.

Hier sind einige grundlegende Richtlinien, die du während des Trainings befolgen solltest.

- Beziehe alle im Haushalt in das Shiba Inu-Training ein. Der Welpe muss lernen, auf alle im Haushalt zu hören, und nicht nur auf eine oder zwei Personen. Ein festgelegter Trainingsplan kann am Anfang nur ein paar Personen einbeziehen, besonders wenn du Kinder hast. Beim Training sollte immer ein Erwachsener anwesend sein, aber ein Kind während des Trainings einzubeziehen, wird die Idee verstärken, dass der Welpe auf alle im Haus hören muss. Es ist auch eine gute Möglichkeit für die Eltern, die Interaktion des Kindes mit dem Welpen zu überwachen, damit alle auf eine Weise spielen, die sicher ist und den Regeln folgt.

- Wähle zum Einstieg einen Bereich aus, in dem du und dein Welpe keine anderen Ablenkungen habt, auch keine Geräusche. Lass dein Handy und andere Geräte außer Reichweite, damit du deine Aufmerksamkeit auf den Welpen richtest.

- Bleibe glücklich und erfreut über das Training. Dein Welpe wird deine Begeisterung spüren und sich deshalb besser konzentrieren.

- Sei konsequent und bestimmt beim Unterrichten.

- Bringe ein besonderes Leckerli zu den ersten Trainingseinheiten mit, wie Hühnchenstücke oder kleine Leckerlis.

Sitz

Beginne mit dem Training von Sitz, wenn dein Welpe etwa acht Wochen alt ist. Sobald du dich an deinem ruhigen Trainingsort niedergelassen hast:

1. Halte ein Leckerli hin.
2. Bewege das Leckerli über den Kopf deines Welpen. Dies wird den Welpen dazu bringen, sich zurückzubewegen.
3. Sage „Sitz", wenn das Hinterteil des Welpen den Boden berührt.

Es ist hilfreich, eine zweite Person dabei zu haben, die dies mit deinem Welpen demonstriert, da sie sich hinsetzen kann, um zu zeigen, was du meinst.

Warte, bis dein Welpe anfängt, sich hinzusetzen, und sage „Sitz", während er sich hinsetzt. Wenn dein Welpe sich vollständig hinsetzt, lobe ihn. Natürlich wird dies deinen Welpen unglaublich aufgeregt und zappelig machen, sodass es eine Weile dauern kann, bis er sich wieder hinsetzen möchte. Wenn es soweit ist und der Welpe sich wieder hinsetzen will, wiederhole den Vorgang.

Es wird mehr als ein paar Sitzungen dauern, bis der Welpe deine Worte vollständig mit den Handlungen verbindet. Kommandos sind etwas völlig Neues für deinen kleinen Begleiter. Sobald dein Welpe „Sitz" gemeistert hat, beginne mit dem Unterrichten von „Platz".

Platz

Wiederhole den gleichen Prozess, um dieses Kommando zu lehren, wie bei „Sitz".

1. Sage deinem Hund, er soll sitzen.

2. Halte das Leckerli hin.

3. Senke das Leckerli auf den Boden, während dein Hund daran schnüffelt. Erlaube deinem Welpen, am Leckerli zu lecken, aber wenn dein Hund aufsteht, fange von vorne an.

4. Sage „Platz", wenn die Ellbogen des Welpen den Boden berühren, dann lobe ihn, während du deinen Welpen das Leckerli fressen lässt.

5. Warte, bis der Welpe anfängt, sich hinzulegen, dann sage das Wort „Platz". Wenn der Shiba Inu die Aktion beendet, biete deine gewählte Belohnung an.

Es wird wahrscheinlich etwas schneller gehen, dieses Kommando zu lehren.

Warte, bis dein Welpe „Platz" gemeistert hat, bevor du mit „Bleib" weitermachst.

Bleib

„Bleib" ist ein wichtiges Kommando, weil es deinen Welpen davon abhalten kann, über eine Straße zu laufen oder auf jemanden zuzulaufen, der nervös oder ängstlich gegenüber Hunden ist. Es ist wichtig, dass dein Hund „Sitz" und „Platz" gemeistert hat, bevor du „Bleib" beibringst. Dieses Kommando zu lernen wird schwieriger sein, da es nichts ist, was dein Welpe natürlich tut. Sei darauf vorbereitet, dass es etwas länger dauern wird.

1. Sage deinem Welpen, er soll entweder sitzen oder bleiben.

2. Während du das tust, halte deine Hand vor das Gesicht des Welpen.

3. Warte, bis der Welpe aufhört zu versuchen, deine Hand zu lecken, bevor du wieder beginnst.

4. Wenn der Welpe sich beruhigt, mache einen Schritt weg. Wenn sich dein Welpe nicht bewegt, sage „Bleib" und gib ein Leckerli und etwas Lob.

Deinem Welpen die Belohnung zu geben, zeigt an, dass das Kommando vorbei ist, aber du musst auch anzeigen, dass das Kommando abgeschlossen ist. Der Welpe muss lernen, zu bleiben, bis du sagst, dass es in Ordnung ist, den Platz zu verlassen. Sobald du das Okay zum Bewegen gibst, gib keine Leckerlis mehr. „Komm" sollte nicht als Okay-Wort verwendet werden, da es ein Kommando ist, das für etwas anderes verwendet wird.

Wiederhole diese Schritte und entferne dich nach einem erfolgreichen Kommando weiter von dem Welpen.

Sobald dein Welpe „Bleib" versteht, wenn du dich wegbewegst, beginne mit dem Training, auch dann zu bleiben, wenn du dich nicht bewegst. Verlängere die Zeit, die der Welpe an einem Ort bleiben muss, damit er versteht, dass „Bleib" mit dem Okay-Kommando endet.

Wenn du das Gefühl hast, dass dein Welpe „Bleib" gemeistert hat, beginne mit dem Training des Welpen, zu kommen.

Komm

Dies ist ein Kommando, das du erst lehren kannst, wenn der Welpe die vorherigen Kommandos gelernt hat. Bevor du mit der Trainingseinheit beginnst, entscheide, ob du „Komm" oder „Komm her" als Kommando verwenden möchtest. Sei konsequent in den Worten, die du verwendest.

Dieses Kommando ist aus dem gleichen Grund wichtig wie das vorherige. Wenn du in der Nähe von Menschen bist, die nervös um Hunde sind, oder auf ein wildes Tier oder eine andere Ablenkung triffst, kann dieses Kommando die Aufmerksamkeit deines Welpen wieder auf dich lenken.

1. Leine den Welpen an.

2. Sage dem Welpen, er soll bleiben.

3. Entferne dich vom Welpen.

4. Sage das Kommando, das du für „Komm" verwenden wirst, und gib einen sanften Zug an der Leine in deine Richtung.

Wiederhole diese Schritte und vergrößere den Abstand zwischen dir und dem Welpen. Sobald der Welpe es zu verstehen scheint, entferne die Leine und beginne mit einem geringen Abstand. Wenn dein Welpe das Kommando nicht zu verstehen scheint, gib einige visuelle Hinweise darauf, was du möchtest. Du kannst zum Beispiel auf dein Bein klopfen oder mit den Fingern schnipsen. Sobald dein Welpe zu dir gerannt kommt, biete eine Belohnung an.

Runter

Obwohl Shiba Inu klein sind, ist es wichtig, deinem Hund beizubringen, herunterzukommen oder von etwas herunterzugehen. Dies ist nicht dasselbe wie deinem Hund beizubringen, nicht auf Menschen zu springen (Kapitel 9). Dieses Kommando dient speziell dazu, deinen Hund von Möbeln, von Theken und von deinem Schoß zu bekommen (Shiba Inu sind nicht immer die Schoßhunde, die sie zu sein glauben).

Dies ist ein Training, das du spontan durchführen musst, weil du deinem Hund beibringst, eine Handlung zu stoppen. Das bedeutet, du musst auf diese unerwünschte Handlung reagieren. Es ist wichtig, Lekkerlis zur Hand zu haben, wenn du siehst, dass dein Hund auf Dinge steigt, auf denen du ihn nicht haben möchtest.

1. Warte, bis dein Hund seine Pfoten auf etwas legt, auf dem du ihn nicht haben möchtest.

2. Sage „Runter" und locke ihn mit einem Leckerli weg, das du gerade außerhalb seiner Reichweite hältst.

3. Sage „Ja" und gib ihm ein Leckerli, sobald seine Pfoten von der Oberfläche weg sind.

Wiederhole dies jedes Mal, wenn du das Verhalten siehst. Es wird wahrscheinlich mindestens ein halbes Dutzend Mal dauern, bevor dein Hund versteht, dass er die Handlung nicht mehr ausführen sollte. Wechsle mit der Zeit von Leckerlis zu Lob oder dem Spielen mit einem Spielzeug.

Lass es

Dies ist ein schwieriges Trainingskommando, aber du musst deinem Hund „Lass es" beibringen, für den Fall, dass du bei einem Spaziergang möchtest, dass er andere Menschen oder Hunde ignoriert.

1. Lass deinen Hund sehen, dass du Leckerlis in deiner Hand hast, dann schließe deine Hand. Deine Faust sollte nah genug sein, damit dein Hund das Leckerli riechen kann.

2. Sage „Lass es", wenn dein Hund anfängt, an deiner Hand zu schnüffeln.

3. Sage „Ja" und gib deinem Hund ein Leckerli, wenn er seinen Kopf von den Leckerlis abwendet. Anfangs wird dies wahrscheinlich eine Weile dauern, da dein Hund diese Leckerlis haben möchte. Sage nicht weiterhin „Lass es", da dein Hund nicht lernen sollte, dass du ein Kommando mehr als einmal gibst. Du möchtest, dass er lernt, dass er tun muss, was du beim ersten Mal sagst. Du musst deinen Hund dazu bringen, schnell zu reagieren, weshalb Leckerlis am Anfang empfohlen werden. Wenn nach dem Geben des Kommandos eine Minute oder mehr vergeht, kannst du es erneut geben, aber stelle sicher, dass dein Hund auf dich konzentriert ist und nicht abgelenkt wird.

Diese Sitzungen sollten nur etwa fünf Minuten dauern und es wird einige Zeit dauern, bis dein Hund es lernt, da du ihm beibringst, eine natürliche Handlung zu ignorieren. Wenn er anfängt zu verstehen und wegschaut, wenn du „Lass es" sagst, ohne viel Zeit mit Schnüffeln zu verbringen, kannst du zu fortgeschritteneren Versionen des Trainings übergehen.

1. Lass deine Hand offen, damit dein Hund die Leckerlis sehen kann.

2. Sage „Lass es", wenn dein Hund anfängt, Interesse zu zeigen (dies wird wahrscheinlich fast sofort sein, besonders da du deine Hand nicht geschlossen hast, also sei vorbereitet).

   a. Schließe deine Faust, wenn dein Hund weiterhin schnüffelt oder sich den Leckerlis in deiner Hand nähert.

   b. Gib deinem Hund ein Leckerli aus deiner anderen Hand, wenn er aufhört.

Wiederhole diese Schritte, bis dein Hund schließlich aufhört zu versuchen, an den Leckerlis zu schnüffeln. Wenn dein Hund dies zu beherrschen scheint, gehe zur schwierigsten Version dieses Kommandos über.

1. Lege Leckerlis auf den Boden oder lass deinen Hund sehen, wie du sie versteckst, und bleibe in der Nähe dieser Leckerlis.

2. Sage „Lass es", wenn dein Hund anfängt, Interesse am Schnüffeln der Leckerlis zu zeigen.

   a. Lege eine Hand über die Leckerlis, wenn er nicht hört.

   b. Gib ihm ein Leckerli aus deiner Hand, wenn dein Hund hört.

Von hier aus kannst du mit dem Training beginnen, während du weiter vom Leckerli entfernt stehst, wobei dein Hund angeleint ist, damit du ihn bei Bedarf stoppen kannst. Dann beginne, andere Dinge zu verwenden, die dein Hund liebt, wie ein Lieblingsspielzeug oder ein anderes verlockendes Leckerli, das du normalerweise nicht gibst.

Aus

Dies wird eines der schwierigsten Kommandos sein, die du deinem Welpen beibringen wirst, weil es sowohl gegen die Instinkte als auch gegen die Interessen deines Welpen geht. Dein Welpe möchte behalten, was auch immer er hat, also musst du ihm stattdessen etwas Besseres anbieten. Es ist jedoch wichtig, das Kommando früh zu lehren, da dein Shiba Inu in den ersten Tagen sehr zerstörerisch sein wird. Darüber hinaus könnte dieses Kommando das Leben deines Hundes retten. Er wird wahrscheinlich nach Dingen schnappen, die wie Futter aussehen, wenn du Gassi gehst, und dieses Kommando wird ihn dazu bringen, alles potenziell Gefährliche fallen zu lassen, das er aufnimmt.

Beginne mit einem Spielzeug und einem Leckerli oder einem großen Leckerli, das dein Hund nicht in Sekundenschnelle fressen kann, wie ein Kauknochen. Stelle sicher, dass das Leckerli, das du hast, eines ist, das dein Welpe nicht sehr oft bekommt, damit es eine Motivation gibt, das Spielzeug oder das große Leckerli fallen zu lassen.

1. Gib deinem Welpen das Spielzeug oder das große Leckerli. Wenn du auch einen Klicker verwenden möchtest, verbinde ihn mit dem aufregenden Leckerli, das du verwenden wirst, um deinen Welpen zu überzeugen, das Leckerli fallen zu lassen.

2. Zeige deinem Welpen das aufregende Leckerli.

3. Sage „Aus" und wenn er das Leckerli oder Spielzeug fallen lässt, sage ihm „gut" und übergib das aufregende Leckerli, während du das fallengelassene Leckerli oder Spielzeug aufhebst.

4. Wiederhole dies sofort, nachdem dein Welpe das aufregende Leckerli fertig gegessen hat.

Du musst dieses Kommando noch monatelang verstärken, nachdem es gelernt wurde, weil es keine natürliche Reaktion ist. Du solltest auch anfangen, Futter zu verwenden, das dein Hund fast unwiderstehlich findet. Dies ist einer der seltenen Fälle, in denen du ein Leckerli verwenden musst, weil dein Welpe etwas braucht, um ihn zu überzeugen, ein geschätztes Spielzeug fallen zu lassen, oder noch wichtiger, Futter, das er nicht essen sollte.

Ruhig

Shiba Inu gelten nicht als übermäßige Beller, aber es gibt keine Garantie, dass deiner nicht stimmfreudig sein wird. Anfangs kannst du Lekkerlis sparsam einsetzen, um Ruhe zu verstärken, wenn dein Welpe gerne Lärm macht. Wenn dein Welpe ohne offensichtlichen Grund bellt, sage ihm, er soll ruhig sein, und lege ein Leckerli in die Nähe. Es ist fast garantiert, dass der Hund verstummen wird, um am Leckerli zu schnüffeln. In diesem Fall sage „braver Hund" oder „brav, ruhig". Es wird nicht lange dauern, bis dein Welpe versteht, dass „ruhig" nicht Bellen bedeutet.

Wie es weitergeht

„Shibas können sehr leicht zu trainieren sein, da sie intuitiv und scharfsinnig sind. Sie tun jedoch nichts, um uns zu gefallen, sondern nur sich selbst. Sie tun selten etwas nur für Lob; sie brauchen Motivation. Glücklicherweise sind die meisten spielzeug- oder futtermotiviert, was gut funktioniert. Die Hunde, die sich nicht für Spielzeug oder Futter interessieren, können sehr schwierig sein - sie wissen, was ‚wir' wollen, aber sie sehen einfach nicht ein, warum sie es tun sollten."

Susan Norris-Jones
SunJo Shiba Inu & Japanese Chin

Dies ist eine Rasse, die sehr von Gehorsamkeitstraining profitieren kann. Da sie so eigensinnig sind, geht es beim Gehorsamkeitstraining genauso darum, dich darin zu trainieren, wie du auf Sturheit reagierst, wie darum, deinen Hund zu trainieren, gehorsam zu sein. Es gibt deinem Shiba Inu auch die Chance, zu sozialisieren. Es ist eine sichere Umgebung für deinen Welpen, um etwas über andere Hunde zu lernen, weil allen Hunden viel Aufmerksamkeit geschenkt wird. Es ist eine sichere Umgebung und eine großartige Erfahrung für euch beide, zu lernen.

Welpenkurse

Welpen können bereits ab der 6. Woche mit der Welpenschule beginnen. Dies ist der Anfang des Gehorsamkeitstrainings, aber du musst vorsichtig sein mit ihren Interaktionen mit anderen Hunden, bis dein Welpe seine Impfungen abgeschlossen hat. Sprich mit deinem Tierarzt darüber, wann ein guter Zeitpunkt ist, damit zu beginnen, oder zumindest ein sicherer Zeitpunkt. Dein Tierarzt kann dir möglicherweise gute Welpenkurse in deiner Nähe empfehlen.

Der Hauptzweck dieser Kurse ist die Sozialisierung, die für eine Rasse wie den Shiba Inu wirklich wichtig ist. Studien haben gezeigt, dass ein Drittel der Welpen in den ersten 20 Lebenswochen nur minimalen Kontakt zu neuen Menschen und Hunden hat, was die Außenwelt beängstigender machen kann. Die Welpenkurse geben dir und deinem Welpen die Chance, zu lernen, wie man andere Menschen und Hunde in einer streng kontrollierten Umgebung trifft und begrüßt. Hunde, die diese Kurse besuchen, sind viel freundlicher und weniger gestresst wegen Dingen wie großen Lastwagen, lauten Geräuschen und Besuchern. Sie sind auch weniger wahrscheinlich nervös und leiden weniger unter Trennungsangst.

Es ist auch ein gutes Training für dich. In den gleichen Studien konnten Menschen angemessener reagieren, wenn ein Welpe ungehorsam war oder sich schlecht benahm, was absolut wesentlich ist, wenn man einen Shiba Inu trainiert. Es lehrt dich, wie du deinen Welpen trainieren und wie du mit der aufkommenden Eigensinnigkeit deines Hundes umgehen kannst.

Viele Kurse helfen dir mit einigen der grundlegenden Kommandos, wie „Sitz" und „Platz". Suche nach einem Kurs, der sich auch auf die Sozialisierung konzentriert, damit dein Welpe das Meiste aus dem Kurs herausholen kann.

Gehorsamkeitstraining

Nachdem dein Welpe die Welpenschule absolviert hat und die meisten Grundkommandos versteht, kannst du zu Gehorsamkeitskursen wechseln. Sie sind schwieriger, aber es sollte für einen Shiba Inu keine allzu große Herausforderung sein. Einige Trainer bieten Gehorsamkeitstraining zu Hause an, aber es ist am besten, einen Kurs zu finden, damit dein Hund die Sozialisierung als Teil des Trainings fortsetzen kann. Wenn dein Welpe Welpenkurse besucht, können sie dir die weiteren Kurse empfehlen. Hunde fast jeden Alters können an Gehorsamkeitskursen teilnehmen, obwohl dein Hund alt genug sein sollte, um zuzuhören (deshalb gibt es Welpenkurse – Hunde, die 20 Wochen alt oder jünger sind, sind eine andere Art von Trainingsproblem).

Gehorsamkeitstraining umfasst in der Regel Folgendes:

- Lehren oder Verstärken grundlegender Kommandos wie „Sitz", „Bleib", „Komm" und „Platz".
- Wie man geht, ohne an der Leine zu ziehen.
- Wie man Menschen und Hunde richtig begrüßt, einschließlich nicht auf sie zu springen.

Die Hundeschule dient genauso dazu, dich zu trainieren, wie deinen Hund zu trainieren. Sie hilft dir zu lernen, wie du trainieren kannst, während du deinen Hund durch grundlegende Kommandos und Verhaltensweisen für grundlegende Situationen wie Begrüßungen und Spaziergänge führst. Die Kurse dauern in der Regel zwischen 7 und 10 Wochen.

Bitte deinen Tierarzt um Empfehlungen. Wenn dein Tierarzt keine Empfehlungen hat, nimm dir Zeit, deine Optionen gründlich zu recherchieren. Achte auf die folgenden Details bei der Bewertung von Trainern:

- Sind sie zertifiziert, insbesondere mit der CPDT-KA-Zertifizierung (oder einer entsprechenden deutschen Qualifikation wie VDH-Hundetrainer).
- Wie viele Jahre trainieren sie schon Hunde?
- Haben sie Erfahrungen mit Shiba Inu?
- Kannst du am Training teilnehmen? Wenn die Antwort nein ist, arbeite nicht mit diesem Trainer. Du musst ein Teil des Trainings deines Hundes sein, weil der Trainer nicht den größten Teil des Lebens

deines Hundes anwesend sein wird. Er muss lernen, auf dich zu hören.

Gehorsamkeitstraining hilft nicht bei ernsthaften Verhaltensproblemen. Wenn dein Hund Angstzustände, Depressionen oder andere ernsthafte Verhaltensprobleme hat, musst du einen Trainer engagieren, der deinem Hund hilft, diese Probleme zu bewältigen. Recherchiere gründlich, um sicherzustellen, dass dein ausgewählter Trainer ein Experte ist, vorzugsweise mit Erfahrung mit intelligenten, willensstarken Hunden. Wenn möglich, finde jemanden, der Erfahrung im Umgang mit Shiba Inu hat.

Sobald dein Shiba Inu die Grundkommandos beherrscht und gut im Gehorsamkeitstraining abgeschnitten hat, kannst du mit anderem, angenehmerem Training beginnen. Solange dein Shiba Inu gut in den Kursen abgeschnitten hat, solltest du keinen Trainer benötigen, da dein Hund auf dich hören wird. Eine Grundlage für Kommandos und einem aktiveren Interesse am Lernen könnte eine großartige Grundlage sein, um mehr zu tun – solange dein Shiba Inu interessiert ist. An diesem Punkt solltest du in der Lage sein zu erkennen, ob dein Hund interessiert ist, und du wirst definitiv eine bessere Vorstellung davon haben, ob du angesichts der Persönlichkeit deines Hundes ein schwierigeres Training verfolgen möchtest.

KAPITEL 13
Ernährung

„Als asiatische Rasse haben sie keine Geschichte mit Rindfleisch oder Getreide, für deren Verdauung spezielle Enzyme benötigt werden. Geflügel, Fisch und Wild sind gute Proteinquellen, während Reis das am besten verträgliche Getreide ist."

Susan Norris-Jones
SunJo Shiba Inu & Japanischer Chin

In den letzten Jahren haben Menschen zugelassen, dass ihre Shiba Inu aufgrund der Beliebtheit von Cody, einem übergewichtigen Shiba Inu, zu groß für ihren kleinen Körperbau werden. Die Leute fanden seine Probleme „niedlich", was grausam ist, denn das Hecheln und der Gesichtsausdruck des Hundes sind Anzeichen von Schmerz, nicht

von Glück. Du musst bei deinem Shiba Inu vorsichtig sein, damit ihm das nicht passiert. Obwohl sie nicht so zum Überfressen neigen wie manche andere Rassen, heißt das nicht, dass sie es nicht trotzdem tun würden.

Es ist überraschend einfach, diese Rasse gesund zu halten. Du musst nur darauf achten, was du deinem Shiba Inu fütterst und sicherstellen, dass dein Hund jeden Tag ausreichend Bewegung bekommt. Aufgrund ihrer Größe ist das leicht umzusetzen, aber es erfordert Planung, bevor dein Welpe oder Hund bei dir einzieht.

Warum eine gesunde Ernährung wichtig ist

Da Shiba Inu ihren Bewegungsbedarf normalerweise an das Aktivitätsniveau der Familie anpassen, musst du die Ernährung entsprechend der regelmäßigen Bewegung deines Hundes anpassen. Dies ist ein besonderes Problem für Shiba Inu-Besitzer, daher solltest du auf jede Abnahme der Aktivität achten, um sicherzustellen, dass du deinen Hund nicht überfütterst. Wenn du einen sehr vollen Terminkalender hast, kann es allzu leicht zu erheblichen Lücken im Aktivitätsniveau kommen, während du zu Hause bist. Dein Shiba Inu wird deine Zeitplanänderungen nicht verstehen, sondern nur die Tatsache, dass er unabhängig von seinem Aktivitätsniveau normalerweise eine bestimmte Menge Futter bekommt. Das bedeutet, dass er wahrscheinlich zunehmen wird, wenn die Kalorien gleich bleiben, während die Aktivitäten abnehmen.

Du solltest ungefähr wissen, wie viele Kalorien dein Hund täglich zu sich nimmt, einschließlich Leckerlis. Achte auf das Gewicht deines Hundes, damit du erkennen kannst, wann er zunimmt. Dies gibt dir einen Hinweis darauf, wann du die Futtermenge deines Shiba Inu anpassen oder sein Futter auf etwas mit mehr Nährwert, aber weniger Kalorien umstellen solltest.

Sprich immer mit deinem Tierarzt, wenn du Bedenken bezüglich des Gewichts deines Shiba Inu hast. Du kannst auch regelmäßige Gewichtskontrollen zu Hause durchführen, da sie auf Haushaltswaagen passen.

Hundeernährung

Die Ernährungsbedürfnisse eines Hundes unterscheiden sich erheblich von denen eines Menschen. Menschen sind eher Allesfresser als Hunde, was bedeutet, dass sie eine breitere Palette an Nährstoffen benötigen, um gesund zu sein. Hunde sind weitgehend Fleischfresser, und

Protein ist ein wesentlicher Bestandteil ihrer Ernährung. Sie brauchen jedoch mehr als nur Protein, um gesund zu sein.

Die folgende Tabelle zeigt die wichtigsten Ernährungsanforderungen für Hunde.

Nährstoff	Quelle	Welpe	Erwachsener
Protein	Fleisch, Eier, Sojabohnen, Mais, Weizen, Erdnussbutter	22,0 % der Diät	18,0 % der Diät
Fette	Fischöl, Leinsamenöl, Rapsöl, Schweinefett, Geflügelfett, Färbedistelöl, Sonnenblumenöl, Sojabohnenöl	8,0 bis 15,0 % der Diät	5,0 bis 15,0 % der Diät
Calcium	Milchprodukte, Fleisch von tierischem Organgewebe, Hülsenfrüchte (normalerweise Bohnen)	1,0 % der Diät	0,6 % der Diät
Phosphor	Fleisch und Haustier-Ergänzungen	0,8 % der Diät	0,5 % der Diät
Sodium	Fleisch, Eier	0,3 % der Diät	0,06 % der Diät

Im Folgenden sind die übrigen Nährstoffe aufgeführt, die Hunde zu weniger als 1% der Welpen- oder Erwachsenenernährung benötigen:

- Arginin
- Histidin
- Isoleucin
- Leucin
- Lysin
- Methionin + Cystin
- Phenylalanin + Tyrosin
- Threonin
- Tryptophan
- Valin
- Chlorid

Da viele menschliche Lebensmittel Konservierungsstoffe und Salz enthalten, ist es am besten, deinem Hund keine menschlichen Lebensmittel mit viel Natrium zu geben.

Wasser ist auch absolut wichtig, um deinen Hund gesund zu halten. Im Wassernapf deines Hundes sollte immer Wasser sein, also gewöhne dir an, ihn mehrmals am Tag zu überprüfen, damit dein Hund nicht dehydriert.

Proteine und Aminosäuren

Als Fleischfresser ist Protein einer der wichtigsten Nährstoffe in der Ernährung eines gesunden Hundes (obwohl sie nicht annähernd so viel Fleisch fressen sollten wie ihre nahen Wolfsvorfahren; ihre Ernährung

Foto Von
Whitney Kono

und Bedürfnisse haben sich erheblich verändert, seit sie zu Begleitern des Menschen wurden). Proteine enthalten die notwendigen Aminosäuren, damit dein Hund Glukose produzieren kann, die für die Energieversorgung deines Hundes unerlässlich ist.

Ein Proteinmangel in der Ernährung deines Hundes führt dazu, dass er lethargisch wird. Sein Fell kann stumpf aussehen und er wird wahrscheinlich an Gewicht verlieren. Umgekehrt wird der Körper deines Hundes bei zu viel Protein das überschüssige Protein als Fett speichern, was bedeutet, dass er an Gewicht zunehmen wird.

Fleisch ist in der Regel die beste Proteinquelle und wird empfohlen, da die Ernährungsbedürfnisse eines Hundes sich erheblich von denen eines Menschen unterscheiden. Es ist jedoch möglich, dass ein Hund eine vegetarische Ernährung erhält, solange du sicherstellst, dass dein Hund das notwendige Protein durch andere Quellen erhält und du seiner Nahrung zusätzliches Vitamin D beifügst. Wenn du planst, deinen Hund vegetarisch zu ernähren, sprich zuerst mit deinem Tierarzt. Es ist unglaublich schwierig, sicherzustellen, dass ein Fleischfresser mit einer vegetarischen Ernährung ausreichend Protein bekommt, besonders bei Welpen. Du musst daher viel Zeit für Recherche und Gespräche mit Ernährungsexperten aufwenden, um sicherzustellen, dass dein Hund die notwendigen Proteine für seine Bedürfnisse erhält.

Fett und Fettsäuren

Die meisten Fette, die dein Hund benötigt, stammen ebenfalls aus Fleisch, obwohl auch Samenöle viele der notwendigen gesunden Fette liefern können, wobei Erdnussbutter eine der häufigsten Quellen ist. Fette werden in Fettsäuren zerlegt, die dein Hund für fettlösliche Vitamine benötigt, die bei regelmäßigen Zellfunktionen helfen. Der vielleicht offensichtlichste Vorteil von Fetten und Fettsäuren zeigt sich im Fell deines Hundes, das viel gesünder aussieht und sich besser anfühlt, wenn dein Hund die richtigen Nährstoffe bekommt.

Es gibt eine Reihe potenzieller Gesundheitsprobleme, wenn dein Hund nicht genügend Fette in seiner täglichen Ernährung erhält.

- Sein Fell wird weniger gesund aussehen.

- Seine Haut kann trocken sein und jucken.

- Sein Immunsystem könnte geschwächt sein, wodurch dein Hund leichter krank werden kann.

- Er könnte ein erhöhtes Risiko für Herzerkrankungen haben.

Die Hauptsorge, wenn dein Hund zu viel Fett bekommt, ist, dass er an Gewicht zunimmt und fettleibig wird, was zu zusätzlichen Gesundheitsproblemen führt. Bei Rassen, die zu Herzproblemen neigen, musst

Foto Von
Helena Miltiadous

du besonders darauf achten, dass dein Hund die richtige Menge an Fet-
345ten in seiner Ernährung erhält. Schätzungsweise 18% der Shiba Inu
haben Herzprobleme.

Kohlenhydrate und gekochte Lebensmittel

Hunde leben seit Jahrtausenden mit Menschen zusammen, daher
haben sich ihre Ernährungsbedürfnisse wie unsere eigenen weiterent-
wickelt. Sie können Lebensmittel mit Kohlenhydraten essen, um die Energie zu ergänzen, die normalerweise durch Proteine und Fette bereitgestellt wird. Wenn du Getreide (wie Gerste, Mais, Reis und Weizen) vor
dem Füttern deines Hundes kochst, kann dein Hund diese komplexen
Kohlenhydrate leichter verdauen. Dies solltest du bedenken, wenn du
überlegst, welche Art von Futter du deinem Hund geben wirst, da du ein
Trockenfutter wählen solltest, das Fleisch statt Getreide verwendet; während dein Hund Futter mit Getreide verdauen kann, wird er nicht so viel
vom Nährwert erhalten wie von Futter, das echtes Fleisch enthält.

Unterschiedliche Ernährungsanforderungen für ver-
schiedene Lebensphasen

Verschiedene Lebensphasen eines Hundes haben unterschiedliche
Ernährungsbedürfnisse:

* Welpen

* Erwachsene Hunde

* Seniorhunde

Welpenfutter

Hundefutterhersteller produzieren aus gutem Grund eine völlig andere Art von Futter für Welpen – ihre Ernährungsbedürfnisse unterscheiden sich stark von denen erwachsener Hunde. Etwa während der ersten
12 Monate ihres Lebens wachsen ihre Körper. Um gesund zu sein, benötigen sie mehr Kalorien und haben andere Ernährungsbedürfnisse, um
dieses Wachstum zu fördern.

Futter für erwachsene Hunde

Der Hauptunterschied zwischen Welpenfutter und Futter für erwachsene Hunde besteht darin, dass Welpenfutter mehr Kalorien und
Nährstoffe enthält, die das Wachstum fördern. Hundefutterhersteller reduzieren diese Nährstoffe in Futter für erwachsene Hunde, da sie kein
Wachstum mehr unterstützen müssen. Als Faustregel gilt: Wenn ein
Hund etwa 90% seiner vorhergesagten erwachsenen Größe erreicht hat,
solltest du auf Futter für erwachsene Hunde umsteigen.

Die Größe deines Hundes ist entscheidend dafür, wie viel du ihm füttern solltest. Die folgende Tabelle ist eine allgemeine Empfehlung, wie viel du deinem erwachsenen Shiba Inu pro Tag füttern solltest. Anfangs solltest du dich vielleicht auf die Kalorien konzentrieren, während du versuchst, das richtige Gleichgewicht für deinen Hund zu finden.

Größe des Hundes	Kalorien
4,5 kg	420 in heißen Monaten 630 in kalten Monaten
9 kg	700 in heißen Monaten 1,050 in kalten Monaten

Du stellst fest, dass die meisten Shiba Inu den größten Teil des Jahres nicht 1.000 Kalorien pro Tag benötigen. Das ist nicht viel Futter, daher musst du sehr genau darauf achten, wie viele Kalorien du deinem Hund gibst, um sicherzustellen, dass dein Hund nicht übergewichtig wird. Diese Skala gilt für den idealen Gewichtsbereich eines Hundes. Wenn dein Hund übergewichtig oder fettleibig ist, frage deinen Tierarzt, wie viel du deinem Hund pro Tag füttern solltest.

Denke auch daran, dass diese Empfehlungen pro Tag und nicht pro Mahlzeit gelten. Egal, ob du ihn einmal oder mehrmals am Tag fütterst, achte darauf, dass du genau abmisst, wie viel Futter du gibst, damit du die tägliche Empfehlung nicht überschreitest.

Wenn du Nassfutter hinzufügen möchtest, achte auf die gesamte Kalorienaufnahme und passe die Menge, die du deinem Hund zwischen Trockenfutter und Nassfutter gibst, entsprechend an. Mit anderen Worten, die Gesamtkalorien im Trockenfutter und Nassfutter sollten sich ausgleichen, um die Bedürfnisse deines Hundes nicht zu überschreiten.

Das Gleiche gilt, wenn du deinem Hund im Laufe des Tages viele Leckerlis gibst. Du solltest den Kaloriengehalt der Leckerlis in die Menge einbeziehen, die du deinem Hund zu den Mahlzeiten fütterst.

Wenn du planst, deinem Hund selbstgemachtes Futter zu geben, musst du mehr über Ernährung lernen und genau auf die Kalorien achten, nicht auf Tassenmaße.

Seniorenfutter

Wie ältere Menschen sind auch ältere Hunde nicht mehr so aktiv wie in jüngeren Jahren. Dies ist jedoch nur ein grober Richtwert. Wenn du bemerkst, dass dein Hund langsamer wird oder siehst, dass dein Hund keine längeren Spaziergänge mehr machen kann, weil er Gelenkschmerzen hat oder ihm die Ausdauer fehlt, ist das ein gutes Zeichen dafür, dass dein Hund in seine Seniorenjahre eintritt. Besprich mit deinem Tierarzt, wann es Zeit ist, die Art des Futters zu ändern, das du deinem Hund gibst.

Der Hauptunterschied zwischen Futter für erwachsene Hunde und Seniorenfutter besteht darin, dass Seniorenfutter weniger Fett und mehr Antioxidantien enthält, um Gewichtszunahme zu bekämpfen. Ältere Hunde benötigen auch mehr Protein, was deinen Hund wahrscheinlich glücklich machen wird, da das normalerweise mehr Fleisch und Fleischaromen bedeutet. Protein hilft, die alternden Muskeln deines Hundes zu erhalten. Er sollte in seinen goldenen Jahren weniger Phosphor zu sich nehmen, um das Risiko zu vermeiden, dass dein Hund eine Hyperphosphatämie entwickelt. Dies ist ein Zustand, bei dem Hunde übermäßige Mengen an Phosphat in ihrem Blutkreislauf haben, und ältere Hunde haben ein höheres Risiko, daran zu erkranken.

Seniorenfutter hat die richtige Menge an Kalorien für die reduzierte Aktivität, daher solltest du nicht anpassen müssen, wie viel Futter du deinem Hund gibst, es sei denn, du bemerkst, dass er zunimmt. Konsultiere deinen Tierarzt, bevor du die Futtermenge anpasst oder wenn du bemerkst, dass dein Hund zunimmt. Dies könnte ein Anzeichen für eine Alterserkrankung sein.

Die Futteroptionen deines Hundes

Du hast drei Hauptoptionen, was du deinem Hund füttern kannst, oder du kannst eine Kombination aus den dreien verwenden, je nach deiner Situation und den spezifischen Bedürfnissen deines Hundes:

- Kommerzielle Futtermittel
- Rohkost
- Selbstgemachte Ernährung

Kommerzielles Futter

Stelle sicher, dass du das beste Hundefutter kaufst, das du dir leisten kannst. Nimm dir die Zeit, jede deiner Optionen zu recherchieren, insbesondere den Nährwert des Futters, und mache dies zu einer jährlichen Aufgabe. Du möchtest sicherstellen, dass das Futter, das du deinem Hund gibst, qualitativ hochwertiges Futter ist. Berücksichtige immer die Größe, den Energiebedarf und das Alter deines Hundes. Dein Welpe benötigt möglicherweise nicht so lange Welpenfutter wie andere Rassen, und Futter für Senioren ist möglicherweise nicht die beste Option für deinen eigenen älteren Shiba Inu.

Foto Von
Pervie Villareal

Deutsche Hundefutter-Websites wie Happy Dog und BEWI DOG sowie Fachzeitschriften wie „Der Hund" bieten mehrere großartige Artikel darüber, welche kommerziellen Hundefutter gut für Shiba Inu sind. Auch der VDH (Verband für das Deutsche Hundewesen) und spezialisierte Shiba-Vereine wie der Shiba Club Deutschland e.V. können wertvolle Empfehlungen geben. Da regelmäßig neue Futtermittel auf den deutschen Markt kommen, schau gelegentlich nach, ob es neuere, bessere Futtermittel gibt. Da du auf das Gewicht deines Shiba Inu achten musst, lohnt es sich, zu überprüfen, ob du ihm das beste verfügbare Futter gibst.

Wenn du dir nicht sicher bist, welche Marke am besten ist, sprich mit dem Züchter darüber, welche Futtermittel er empfiehlt. Du kannst deinen Tierarzt fragen, obwohl die meisten von ihnen wahrscheinlich nicht mit vielen Shiba Inu gearbeitet haben und sich noch keine Meinung gebildet haben. Züchter sind hier wirklich die besten Ratgeber für dich, da sie Experten für die Rasse sind.

Manche Hunde können wählerisch sein, und es kann sie sicherlich langweilen, immer wieder das gleiche Futter zu bekommen. So wie du deine Mahlzeiten abwechselst, kannst du auch ändern, was dein Shiba Inu frisst. Du solltest zwar nicht häufig die Futtermarke wechseln, kannst aber Futter mit verschiedenen Geschmacksrichtungen kaufen. Du kannst den Geschmack auch ändern, indem du etwas Nassfutter (Dosenfutter) hinzufügst. Dies ist eine einfache Änderung, bei der du deinem Hund zu jeder Mahlzeit ein anderes Dosenfutter gibst (normalerweise nur etwa 1/4 bis 1/3 der Dose pro Mahlzeit, je nach Größe deines Hundes).

Kommerzielles Trockenfutter

Trockenfutter für Hunde kommt oft in Säcken und ist das, was die überwiegende Mehrheit der Menschen ihren Hunden füttert. Aufgrund ihrer Größe benötigst du keine großen Säcke Hundefutter, es sei denn, du möchtest es für sehr lange Zeit nicht kaufen müssen.

Vorteile von Trockenhundefutter:

- Bequemlichkeit
- Vielfalt
- Verfügbarkeit
- Erschwinglichkeit
- Hersteller folgen Ernährungsempfehlungen (nicht alle folgen diesen, also recherchiere die Marke, bevor du etwas kaufst)
- Speziell für verschiedene Lebensphasen von Hunden formuliert
- Kann für das Training verwendet werden

- Einfach zu lagern

Nachteile von Trockenhundefutter:

- Erfordert Recherche, um sicherzustellen, dass du kein minderwertiges Hundefutter kaufst
- Verpackung ist nicht immer ehrlich
- Rückrufe wegen Futterkontamination
- Lockere VDH-Ernährungsvorschriften
- Futter von geringer Qualität kann fragwürdige Zutaten enthalten

Die Bequemlichkeit und die Entlastung deines Budgets bedeuten, dass du mit ziemlicher Sicherheit Trockenfutter für deinen Hund kaufen wirst. Das ist völlig in Ordnung, und die meisten Hunde werden mehr als glücklich sein, Trockenfutter zu fressen. Sei dir aber bewusst, welche Marke du deinem Hund derzeit fütterst, und achte auf Trockenfutter-Rückrufe, um sicherzustellen, dass du aufhörst, deinem Hund dieses bestimmte Futter zu geben, falls nötig.

Kommerzielles Nassfutter

Die meisten Hunde bevorzugen Nassfutter gegenüber Trockenfutter, aber es ist auch teurer. Nassfutter kann in größeren Packungen gekauft werden, die sehr leicht zu lagern sind.

Vorteile von Nasshundefutter

- Hilft, Hunde hydratisiert zu halten
- Hat einen reicheren Geruch und Geschmack
- Leichter zu fressen für Hunde mit Zahnproblemen (besonders bei fehlenden Zähnen) oder wenn ein Hund krank war
- Bequem und einfach zu servieren
- Ungeöffnet kann es zwischen 1 bis 3 Jahre halten
- Ausgewogen basierend auf aktuellen Haustierernährungsempfehlungen

Nachteile von Nasshundefutter:

- Hundenäpfe müssen nach jeder Mahlzeit gewaschen werden
- Kann Stuhlgang weicher machen
- Kann unordentlicher sein als Trockenfutter
- Nach dem Öffnen hat es eine sehr kurze Haltbarkeit und sollte abgedeckt und gekühlt werden
- Teurer als Trockenfutter für Hunde und kommt in kleinen Mengen

- Verpackung ist nicht immer ehrlich
- Rückrufe wegen Futterkontamination

Wie Trockenfutter ist auch Nassfutter bequem, und wählerische Hunde werden es mit größerer Wahrscheinlichkeit fressen als Trockenfutter. Wenn dein Hund krank wird, ist es am besten, Nassfutter zu verwenden, um sicherzustellen, dass er frisst, damit er die notwendige Ernährung erhält, die er jeden Tag benötigt. Es kann etwas schwieriger sein, wieder auf Trockenfutter umzusteigen, wenn er gesund ist, aber du kannst immer ein wenig Nassfutter hinzufügen, um jede Mahlzeit für deinen Hund appetitlicher zu machen.

Rohkost

„Ich füttere meine Shibas mit Rohkost, wie ich es bei jedem Hund tun würde. Ich denke, sie gedeihen gut und leben länger, wenn sie rohes, geeignetes Futter bekommen. Aber ich weiß auch, dass viele Menschen ihren Shibas Trockenfutter geben, und sie leben auch lange, gesunde Leben."

CJ Strehle
JADE Shiba Inu

Für Hunde wie den Shiba Inu, die Nahrungsmittelallergien haben, kann Rohkost dazu beitragen, dass dein Hund keine allergische Reaktion auf Weizen und verarbeitete Lebensmittel hat. Rohkost-Diäten enthalten viel rohes Fleisch, Knochen, Gemüse und bestimmte Nahrungsergänzungsmittel. Einige der Vorteile einer Rohkost-Diät sind:

- Verbessert das Fell und die Haut deines Hundes
- Verbessert das Immunsystem
- Verbessert die Gesundheit (als Ergebnis einer besseren Verdauung)
- Erhöht die Energie
- Erhöht die Muskelmasse

Rohkost-Diäten sollen deinem Hund die Art von Nahrung geben, die er vor seiner Domestizierung gefressen hat. Das bedeutet, deinem Hund ungekochtes Fleisch, ganze (ungekochte) Knochen und etwas Milchprodukte zu geben. Es beinhaltet keine verarbeiteten Lebensmittel jeglicher Art – nicht einmal in deiner Küche gekochte Lebensmittel.

Es gibt potenzielle Risiken bei dieser Diät. Hunde sind seit Jahrtausenden domestiziert, und ihr Verdauungssystem hat sich weiterentwikkelt. Der Versuch, sie wieder auf die Art von Ernährung umzustellen, die sie früher hatten, funktioniert nicht immer wie beabsichtigt, weil sie sie möglicherweise nicht mehr vollständig verdauen können. Es gibt auch viele Risiken, wenn man Hunden ungekochte Mahlzeiten füttert, besonders wenn das Futter kontaminiert wurde. Dinge wie Bakterien stellen ein ernsthaftes Risiko dar und können auf dich übertragen werden, wenn dein Hund krank wird. Viele Mediziner warnen auch vor den Gefahren, Hunden Knochen zu geben, selbst wenn sie ungekocht sind. Knochen können im Maul deines Hundes splittern und die Speiseröhre oder den Magen durchbohren.

Selbstgemachte Ernährung

Wenn du regelmäßig dein eigenes Essen zubereitest (von Grund auf, nicht mit einer Mikrowelle oder Fertiggerichten), dauert es wirklich nicht viel länger, eine ebenso gesunde Mahlzeit für deinen Begleiter zuzubereiten.

Lies dir Kapitel 4 durch, um sicherzustellen, dass du deinem Shiba Inu niemals Lebensmittel gibst, die für ihn schädlich oder tödlich sein könnten. Wenn du die Lebensmittel im Kopf behältst, die dein Shiba Inu auf keinen Fall fressen sollte, kannst du etwas von dem Essen, das du für dich selbst zubereitest, in die Mahlzeit deines Shiba Inu mischen. Achte nur darauf, dem Napf des Welpen etwas mehr von dem hinzuzufügen, was dein Shiba Inu braucht. Obwohl du und dein Shiba Inu deutlich unterschiedliche Ernährungsbedürfnisse haben, kannst du deine Lebensmittel so anpassen, dass sie Nährstoffe enthalten, die dein Hund benötigt.

Füttere deinen Shiba Inu nicht von deinem Teller. Teile das Essen auf und gib die Mahlzeit deines Hundes in einen Napf, damit dein Hund versteht, dass dein Essen nur für dich ist. Die besten selbst gekochten Mahlzeiten sollten im Voraus geplant werden, damit dein Shiba Inu die richtige Nährstoffbalance erhält.

Typischerweise sollten 50% des Futters deines Hundes aus tierischem Protein bestehen (Fisch, Geflügel und Innereien). Etwa 25% sollten komplexe Kohlenhydrate enthalten. Die restlichen 25% sollten aus Obst und Gemüse bestehen, insbesondere Lebensmittel wie Kürbis, Äpfel, Bananen und grüne Bohnen. Diese bieten zusätzlichen Geschmack, den dein Shiba Inu wahrscheinlich lieben wird, während er sich schneller satt fühlt, sodass die Chance auf Überessen reduziert wird.

Mahlzeiten planen

Arbeitshunde erwarten einen Zeitplan – und sie erwarten, dass auch das Futter nach einem festgelegten Zeitplan bereitgestellt wird, egal was sonst aus dem Zeitplan gerät. Dein Shiba Inu mag unabhängig sein, aber er wird wahrscheinlich erwarten, dass du dich an einen Zeitplan hältst, und das schließt definitiv die Essenszeiten ein. Dies ist eine Rasse, die keine Probleme damit haben wird, dir mitzuteilen, dass du mit dem Futter zu spät dran bist. Wenn Leckerlis und Snacks etwas sind, das du früh als normal etablierst, wird dein Hund glauben, dass Leckerlis auch Teil der Routine sind und wird sie erwarten.

Nahrungsmittelallergien und -unverträglichkeiten

„Wenn sie anfangen, ihre Pfoten zu beißen oder Durchfall haben, kann das bedeuten, dass sie eine Nahrungsmittelallergie haben."

Jan Hill
Dark Knight Shibas

Wann immer du deinen Hund mit einer neuen Art von Hundefutter fütterst (selbst wenn es die gleiche Marke ist, an die dein Hund gewöhnt ist, aber mit einem anderen Geschmack), musst du ihn beobachten, während er sich daran gewöhnt. Shiba Inu neigen zu zahlreichen Allergien, einschließlich Nahrungsmittelallergien. Wann immer du die Ernährung deines Hundes änderst, musst du auf Anzeichen achten, dass dein Welpe eine allergische Reaktion hat.

Nahrungsmittelallergien bei Hunden zeigen sich oft als Hot Spots, die Ausschlägen bei Menschen ähneln. Dein Hund könnte anfangen, an bestimmten Stellen seines Körpers zu kratzen oder zu kauen. Sein Fell könnte an diesen Stellen ausfallen.

Manche Hunde haben keinen einzelnen Hot Spot, sondern die Allergie zeigt sich an ihrem gesamten Fell. Wenn dein Shiba Inu mehr Fell als normal zu verlieren scheint, bring deinen Hund zum Tierarzt, um ihn auf Nahrungsmittelallergien untersuchen zu lassen.

Shiba Inu haben normalerweise keinen empfindlichen Magen, aber gelegentlich hat ein armer Welpe einige Verdauungsprobleme. Wenn du dich an eine getreidefreie Ernährung hältst, kann das dazu beitragen, dass dein Shiba Inu die richtige Ernährung erhält, ohne an Nahrungsmittelunverträglichkeiten zu leiden. Wenn du deinem Hund etwas gibst, das sein Magen nicht vertragen kann, macht sich das wahrscheinlich bemerkbar, wenn er seinen Darm nicht kontrollieren kann. Wenn er bereits stubenrein ist, wird er dich wahrscheinlich entweder anhecheln oder winseln, um dir mitzuteilen, dass er nach draußen muss. Bring ihn so schnell wie möglich nach draußen, damit er keinen Unfall hat. Je nach Hund könnten Blähungen ein Anzeichen für eine Nahrungsmittelunverträglichkeit sein.

Da die Symptome von Nahrungsmittelallergien und -unverträglichkeiten ähnlich sein können wie die Reaktion eines Hundes auf Nährstoffmängel (insbesondere ein Mangel an Fetten in der Ernährung eines Hundes), solltest du deinen Tierarzt aufsuchen, wenn du Probleme mit dem Fell oder der Haut deines Hundes bemerkst.

KAPITEL 14
Aktiv oder Faulenzer – Du hast die Wahl

Foto Von
Diane Leighton

Obwohl Shiba Inu sehr unabhängige Hunde sind, sind sie anpassungsfähig. Für Menschen, die lieber zu Hause bleiben, können sie sich problemlos einfügen und entspannt herumliegen. Für Familien, die gerne ausgehen und aktiv sind, können Shiba Inu genauso energiegeladen sein wie Teenager. Ihre Unabhängigkeit bedeutet nicht, dass sie nicht mit der Familie zusammen sein wollen, sondern nur, dass sie nicht an dir kleben werden. Sie lieben es, mit ihren Menschen und ihrem Rudel zusammen zu sein, und sie wollen definitiv bei allem Spaß dabei sein, den du hast.

Du musst sicherstellen, dass dein Shiba Inu täglich mindestens einen 45- bis 60-minütigen Spaziergang bekommt (und mindestens einen kürzeren Spaziergang). Sie können auch durch anspruchsvolleres Training ausgelastet werden. Natürlich haben verschiedene Altersgruppen unterschiedliche Bewegungsbedürfnisse: Welpen (Kapitel 9) und Seniorhunde (Kapitel 18) haben nicht die Ausdauer für solch lange Spaziergänge.

Angesichts seiner Intelligenz und der Gefahr, dass er sich langweilt, solltest du deinen Shiba Inu entweder glücklich beschäftigt oder müde halten. Das kann eine besondere Herausforderung sein, da dein Hund nicht immer Lust hat, das zu tun, was du tun möchtest. Obwohl Shiba Inu sehr individualistisch sein können, spielen sie meistens gerne mit ihren

Menschen. Je mehr Optionen du deinem Shiba Inu bietest, desto einfacher wird es sein, deinen Vierbeiner von Unfug abzuhalten. An Tagen, an denen das Wetter Bewegung im Freien erschwert, kannst du auf Training oder andere spaßige Aktivitäten im Haus zurückgreifen, um etwas von dieser Energie abzubauen.

Bewegung – Die Aktivitätsbedürfnisse

„Wenn sie jung sind, brauchen Shiba-Welpen viel Ruhe und ruhige Zeiten. Sie sind keine großen Sportler, bis sie 4-5 Monate alt sind. Sobald sie alt genug sind, machen sie oft das, was man den ‚Shiba 500' nennt... sie rasen durch den Garten oder das Haus, um Energie abzubauen. Wenn sie ausgewachsen sind, brauchen Shibas 2-3 Mal pro Woche einen langen Spaziergang oder täglich Zeit, um im Garten herumzutollen, damit sie geistig fit und nicht destruktiv werden."

CJ Strehle
JADE Shiba Inu

Einen Shiba Inu in dein Zuhause zu holen bedeutet, dass du dich zu täglicher Bewegung verpflichtest, selbst wenn er noch ein Welpe ist. Hunde wollen sich nicht schlecht benehmen, aber wenn ihnen langweilig ist, sind Streiche unvermeidlich. Glücklicherweise macht ihre Größe es ziemlich einfach, sie ausreichend zu bewegen, sodass es unwahrscheinlich ist, dass deine Möbel oder andere Dinge zerfetzt werden, wenn du deinen Hund endlich allein zu Hause lässt.

Da Gewichtsprobleme direkt mit Bewegungsmangel zusammenhängen, könnte eine Gewichtszunahme deines Hundes ein Zeichen dafür sein, dass er nicht genug Zeit in Bewegung verbringt. Zum Glück ist das leicht zu korrigieren; du hast viele Möglichkeiten, um sicherzustellen, dass dein Hund genug Training bekommt – es ist viel einfacher (und gesünder für deinen Freund), mehr mit deinem Hund zu unternehmen, als nur Kalorien zu zählen. Du kannst die Ausdauer eines Shiba Inu sogar so weit aufbauen, dass er täglich mehrere Kilometer joggen kann, und dein Hund wird es lieben.

Ein breites Aktivitätsspektrum

Ihr Aussehen und ihre neugierige Persönlichkeit machen Shiba Inu zu einer beliebten Rasse. Die mit Abstand beliebteste Aktivität mit dieser Rasse ist das Wandern, da sie es lieben, neue Orte zu erkunden. Je mehr verschiedene Aktivitäten du mit deinem Hund unternimmst, desto glücklicher werdet ihr beide sein.

Wandern

Die meisten Shiba Inu genießen es sehr, neue Gebiete zu erkunden. Trotz ihrer geringen Größe können Shiba Inu bis zu 10 Kilometer an einem Tag wandern. Sie werden mehr als glücklich sein, dich auf diesen Wanderungen zu begleiten, daher wird es kein Kampf sein, sie davon zu überzeugen, dass es Spaß macht. Nach einem Ausflug ins Freie wird dein Shiba Inu mehr als zufrieden sein, sich für den Rest des Tages einfach zusammenzurollen und zu entspannen.

Foto Von
Gabe & Natty Hynes

Nimm für Wanderungen einen Wassernapf und ein Erste-Hilfe-Set mit. Stelle sicher, dass dein Shiba Inu aktuellen Floh- und Zeckenschutz hat. Er wird vor Ausflügen ins Freie ein paar Monate Behandlung benötigen. Überprüfe auch, ob Hunde in den Gebieten erlaubt sind, die du erkunden möchtest. Nimm eine Karte mit, damit du dich nicht verirrst – dein Shiba Inu wird überall hin wollen. Achte darauf, deinen Shiba Inu während der Erkundung an der Leine zu halten. Der Jagdtrieb wird auf einer Wanderung am stärksten sein, daher musst du deinen Vierbeiner anleinen, um ihn zu schützen.

Joggen

„Laufen und Joggen sind großartige Übungen, bei denen ein Shiba aufblühen wird. Oder zumindest ein langer, zügiger Spaziergang mit aktiver, interaktiver Spielzeit."

Jeffrey Kellen
JAK Kennel

Trotz ihrer Größe sind Shiba Inu fantastische Joggingpartner und können viel weiter laufen als die meisten anderen kleinen und mittelgroßen Hunde. An Tagen, an denen du zur Arbeit gehen musst, ist ein Morgenlauf die perfekte Möglichkeit, um sicherzustellen, dass dein Shiba Inu zu müde ist, um sich zu langweilen, während du weg bist.

Du solltest langsam anfangen, nachdem du mit deinem Tierarzt über das Joggen mit deinem Vierbeiner gesprochen hast. Es wird empfohlen, auf Erde oder weichem Boden zu joggen, da Beton und Asphalt viel härter für die Gelenke sind. Wenn du auf härteren Oberflächen joggen musst, gib den Pfoten deines Hundes etwas Zeit, sich an die Oberfläche zu gewöhnen. Du möchtest vielleicht spezielle Lotionen besorgen, die du nach dem Joggen auf harten Oberflächen auf diese niedlichen kleinen Ballen auftragen kannst.

Plane, mindestens ein paar Mal etwa 10 Minuten zu joggen. Es ist keine natürliche Handlung, an der Leine zu joggen, daher muss sich dein Hund erst daran gewöhnen, besonders daran, nicht in die Leine zu beißen, da sie während des Joggens wahrscheinlich gegen deinen Hund schlagen wird. Wechsle während dieser 10 Minuten zwischen einer Minute Joggen und einer Minute Gehen. Das wird deinem Hund helfen zu verstehen, was du versuchst zu tun. Mit der Zeit wirst du mehr joggen als gehen können. Sobald du eine volle Meile ohne Gehen joggen kannst, kannst du anfangen, etwas weiter zu gehen, bis du ein paar Meilen erreichst.

Sei sehr vorsichtig beim Joggen, wenn es warm wird, und jogge nicht, wenn es heiß ist. Shiba Inu haben ein doppeltes Fell, was sie viel schneller aufheizt als dich. Sie schwitzen durch Hecheln, wie alle Hunde, und das ist mit einem dicken Fell nicht so effizient. Wenn du bei warmem Wetter joggst, nimm unbedingt Wasser für deinen Shiba Inu mit und lass deinen Hund mindestens alle anderthalb Kilometer trinken.

Du brauchst eine sehr robuste Leine oder ein Geschirr, um mit deinem Shiba Inu zu joggen, da er alle kleinen Tiere jagen wird, die er sieht. Du willst nicht, dass er dir die Schulter auskugelt, die Leine reißt oder er sich selbst verletzt, wenn er versucht, kleinen Tieren nachzujagen.

Foto Von
Alayne Levine

Foto Von
Helena Miltiadous

Ärgere dich nicht, wenn dein Hund anhalten und schnüffeln möchte. Das ist für ihn genauso aufregend wie das Joggen selbst. Wenn du ohne Unterbrechung joggen möchtest, solltest du vielleicht nicht mit deinem Shiba Inu joggen, zumindest nicht am Anfang.

Kajakfahren und Stand-up-Paddling

Es gibt nicht viele Hunde, die dazu in der Lage sind, aber der Shiba Inu ist der perfekte Hund, um mit dir aufs Wasser zu gehen und die Fahrt einfach zu genießen. Er wird das genauso lieben wie du, und seine Begeisterung für etwas so Besonderes wird dich definitiv glücklich machen. Shiba Inu sind nicht dafür bekannt, besonders geschickte Schwimmer zu sein, aber sie werden völlig zufrieden sein, im Kajak oder auf dem Paddleboard zu sitzen, während du die ganze Arbeit machst.

Du brauchst eine Schwimmweste für deinen Shiba Inu, selbst wenn du auf ruhigem Wasser unterwegs bist. Da die meisten Kajak- und Paddleboard-Touren auf viel unruhigerem Wasser stattfinden, musst du sicherstellen, dass dein kleiner Freund sicher ist. Es ist auch möglich, dass du kentern wirst, also willst du sicherstellen, dass dein Shiba Inu über Wasser bleibt, während du versuchst, das Gefährt wieder aufzurichten.

Du kannst dafür üben, indem du deinen Hund das Kajak oder Paddleboard zu Hause erkunden lässt. Stelle es in den Garten oder auf die Einfahrt und lass ihn daran schnüffeln. Achte darauf, dass dein Hund nicht auf das Gefährt uriniert. Dein Vierbeiner könnte auch zu ängstlich sein, um in das Gefährt zu steigen. Beruhige ihn mit positiven Worten und Tonfall, während du ihn trägst und in oder auf das Gefährt steigst. Lass deinen Hund sich daran gewöhnen, während ihr an Land seid, damit es nicht zu viel auf einmal für ihn ist, wenn ihr das Wasser erreicht.

Sei darauf vorbereitet, dass die ersten Male unglaublich aufregend sein werden, sodass dein Hund wahrscheinlich nicht stillsitzen wird. Das bedeutet, dass du in ruhiges Wasser gehen solltest, damit dein Hund sich an das Gefühl gewöhnen kann.

Foto Von
Buck Motzko

Agility-Training

Besser bekannt als Hindernisparcours, ist Agility-Training eine großartige Möglichkeit, deinen erwachsenen Hund in Bewegung und glücklich zu halten. Du führst deinen Hund durch den Parcours, was nicht nur hilft, eure Bindung zu stärken, sondern deinem Hund auch die Chance gibt, sich außerhalb des Hauses wohler zu fühlen, oder zumindest zu lernen, dass er nicht versuchen muss, jeden in der Umgebung zu dominieren. Da du derjenige bist, der die Kontrolle hat, und dein Hund am Anfang wahrscheinlich verwirrt sein wird, sei darauf vorbereitet, anfangs ein bisschen albern auszusehen. Der Sinn ist, Spaß zu haben und deinen Hund zu beschäftigen, daher ist es der Schlüssel zum Erfolg, seine Aufmerksamkeit zu bekommen und zu behalten.

Zwei bis drei Stunden gewidmete Zeit pro Woche werden empfohlen, wobei eine dieser Stunden für einen wöchentlichen Kurs vorgesehen ist. Je mehr du zu Hause trainieren kannst, desto besser wird dein Hund in dieser Sportart abschneiden.

Spielzeit! Und noch mehr Spielzeit!

„Einem Ball oder Spielzeug hinterherjagen ist eine gute Möglichkeit, diese Energie abzubauen, wobei man sicherstellen sollte, dass der Untergrund gut ist (d.h. Gras oder Kies, nicht rutschig). Spielzeit zur gleichen Zeit jeden Tag ist eine gute Möglichkeit, eine Routine zu schaffen. Übe das ‚Zurückrufen‘, indem du während der Spielzeit einen Leckerbissen verwendest, aber höre nicht auf zu spielen. Auf diese Weise wird der Welpe das Rufen nicht mit dem Ende des Spaßes verbinden."

Susan Norris-Jones
SunJo Shiba Inu & Japanese Chin

Nur weil schlechtes Wetter herrscht, bedeutet das nicht, dass das Energielevel deines Hundes niedriger sein wird oder dass keine Langeweile aufkommt. Du musst also planen, den Bewegungsplan deines Hundes konsistent zu halten, auch wenn du im Haus festsitzt. Natürlich, wenn du deinen Hund im Schnee in einem Garten spielen lassen kannst, ist das fantastisch, da er sich in seiner Aufregung selbst ermüden kann. Bei Regen und Hitze musst du die richtigen Aktivitäten finden, um deinen Vierbeiner zu ermüden, ohne längere Zeit nach draußen zu gehen. Hier sind einige Alternativen, um die Energie deines Shiba Inu abzubauen.

1. Lass deinen Shiba Inu einem Laserpointer hinterherjagen. Das funktioniert bei einigen Shiba Inu, aber nicht bei allen. Wenn dein Hund interessiert scheint, kann ihn das sehr schön beschäftigen, solange du spielen möchtest oder bis er gelangweilt ist.

2. Verstecken spielen ist ein Spiel, das du spielen kannst, sobald dein Hund über richtiges Verhalten im Haus Bescheid weiß, egal ob er dich oder ein verstecktes Lieblingsspielzeug finden soll.

3. Puzzle-Spielzeuge sind eine großartige Möglichkeit, deinen Hund in Bewegung zu bringen, ohne dass du viel tun musst. Viele der Spiele kommen mit Leckerbissen, und wenn man Shiba Inu kennt, wird es nicht lange dauern, bis dein Hund herausfindet, wie er das Futter aus dem Spielzeug bekommt. Achte also darauf, verschiedene Puzzles bei der Spielzeit zu rotieren. Verwende diese Art von Spielzeug sparsam, um nicht zu viele zusätzliche Kalorien anzuhäufen.

4. Shiba Inu spielen gerne mit verschiedenen Bällen, von Gummibällen bis hin zu Fußbällen. Behalte einen anderen Satz nur für dich und deinen Hund bereit, um welches Spiel auch immer dein Shiba Inu spielen möchte, zu spielen. Wenn er Apportieren spielen möchte, verwende einen kleinen Ball. Wenn er mit etwas Größerem spielen möchte, passe dich an. Lass deinen Shiba Inu entscheiden, wonach ihm der Sinn steht, dann könnt ihr beide Spaß haben.

KAPITEL 15
Fellpflege – Produktive Bindung

*„Shibas haaren ein- bis zweimal im Jahr und müssen daher regel-
mäßig gebürstet werden, um Haare von Möbeln und Kleidung fernzuhalten. Ihr Fell muss nicht geschnitten werden, da es kurz und flauschig
ist und weder verfilzt noch verknotet. Das korrekte, harte Deckhaar weist
Schmutz und Regen ab, während die Unterwolle sie bei Kälte warm hält.
So können sie problemlos ohne Mantel oder Pullover draußen spazieren
gehen oder im Garten herumtollen.“*

CJ Strehle
JADE Shiba Inu

Dieses auffällige Doppelfell erfordert definitiv mehr Arbeit als die
Fellpflege vieler kleiner bis mittelgroßer Hunde, aber Shiba Inus
sind auch ausgezeichnete Selbstreiniger, ähnlich wie Katzen. Manche
von ihnen könnten es als Beleidigung auffassen, wenn du das Gefühl
hast, sie reinigen zu müssen – als würdest du ihre Fähigkeiten kritisieren.
Trotzdem musst du ihr Fell zu bestimmten Jahreszeiten kürzen, und gelegentlich brauchen sie auch ein Bad.

Wenn du schon im Welpenalter mit regelmäßigen Pflegesitzungen
beginnst, wird es später eine viel leichtere Aufgabe sein. Da Shiba Inus zu
Allergien neigen, haben sie häufig Probleme mit ihrem Fell. Regelmäßige
Fellpflege hilft dir, potenzielle Probleme frühzeitig zu erkennen.

Aufgrund ihrer Beliebtheit findest du online viele zusätzliche Ratschläge. Dieses Kapitel bietet dir eine Grundlage, um sicherzustellen,
dass das Fell deines Shiba Inus sauber und gesund bleibt. Wenn du Zeit
für zusätzliche Pflege hast, kannst du gerne nach weiteren Möglichkeiten
suchen, um das Fell richtig zum Glänzen zu bringen.

Pflegewerkzeuge

Du brauchst nicht allzu viele Werkzeuge, um deinen Shiba Inu richtig
zu pflegen. Stelle sicher, dass du die folgenden Dinge zur Hand hast, bevor dein Welpe oder erwachsener Hund bei dir einzieht:

- Eine Borsten- oder Stiftbürste für sein Fell
- Unterwollbürste oder Unterwollrechen (optional, kann aber beim Reduzieren des Haarens helfen)
- Shampoo – verwende milde Shampoos
- Nagelknipser

Foto Von
Pervie Villareal

- Zahnbürste und Zahnpasta (schau beim Verband für das Deutsche Hundewesen (VDH) nach den neuesten Empfehlungen)

Fellpflege

Wöchentliches Bürsten wird dringend empfohlen, um das Haaren einzudämmen. Wenn du mit der Fellpflege beginnst, wenn dein Hund noch ein Welpe ist, wird es später keine so schwere Aufgabe sein. Das ist fantastisch, wenn man bedenkt, wie viel Zeit du mit anderen Aufgaben verbringen wirst, insbesondere mit Bewegung und Training. Während der Haarwechselzeiten solltest du sein Fell etwas häufiger bürsten, um zu reduzieren, wie viel Fell in deinem Zuhause herumfliegt.

Welpen

Als Welpen ist das Fell von Shiba Inus relativ leicht zu pflegen. Tägliches Bürsten kann nicht nur reduzieren, wie viel dein Welpe haart, sondern hilft dir auch, eine Bindung zu ihm aufzubauen. Ja, es wird am Anfang etwas herausfordernd sein, weil Welpen nicht lange stillsitzen. Es wird viel Gezappel und Spielversuche geben. Deinem Welpen zu erklären, dass die Bürste kein Spielzeug ist, wird offensichtlich nicht funktionieren, also sei darauf vorbereitet, während jeder Bürstsitzung geduldig zu sein.

Andererseits wird dein Welpe so niedlich sein, dass es dir wahrschein-lich nichts ausmacht, wenn es etwas länger dauert. Und dies wird eine der wenigen Gelegenheiten sein, bei denen deine Beine nicht einschla-fen, wenn dein Welpe auf deinem Schoß sitzt (er wird es wahrscheinlich versuchen, wenn er älter ist, also genieße es, solange es anhält). Achte nur darauf, dass dein Welpe versteht, dass dies eine ernsthafte Angele-genheit ist und das Spielen erst nach der Fellpflege kommt. Andernfalls wird dein Shiba Inu immer versuchen zu spielen, was das Bürsten viel zeitaufwendiger macht – potenziell fast unmöglich, wenn man bedenkt, wie groß er mit 24 Monaten sein wird. Plane das Bürsten deines Welpen nach einer intensiven Trainingseinheit ein, damit dein Shiba Inu viel we-niger Energie hat, um zu kämpfen oder zu spielen.

Du musst deinen Welpen auch daran gewöhnen, sein Fell zu trock-nen. Bei einem so dicken Fell musst du sicherstellen, dass nicht zu viel überschüssiges Wasser im Unterfell hängenbleibt. Ermutige deinen Wel-pen, sich nach dem Bad zu schütteln, und trockne ihn dann mit einem Handtuch ab. Lobe deinen Welpen weiterhin, während du dies tust, und erlaube ein paar zusätzliche Schütteleinheiten, um Wasser an die Ober-fläche zu bringen. Wenn du Zeit hast und einen Föhn verwenden möch-test, kannst du das mit niedriger bis mittlerer Hitzeeinstellung tun, aber achte darauf, keinen Teil des Fells zu übertrocknen.

Erwachsene Hunde

„Ein korrektes Fell ist sehr wasserabweisend, aber wenn sie bis auf die Haut nass werden, ist es wichtig, sie zu trocknen, um Pilzinfektionen oder Hot Spots zu vermeiden. Verwende keine Mäntel, da diese Wärme und Feuchtigkeit einschließen. Shibas brauchen keinen künstlichen Wet-terschutz – sie wurden als robuste Jagdhunde für den Außenbereich ge-züchtet.“

Susan Norris-Jones
SunJo Shiba Inu & Japanese Chin

Wöchentliches Bürsten wird empfohlen, weil Shiba Inus so stark haaren; sie haben zwei Fellschichten und haaren daher im Frühling und Herbst, wenn sich das Wetter ändert. Wenn du deinen Welpen richtig trainierst, wie er sich verhalten soll, wird das Bürsten einfach sein, wenn er erwachsen ist.

Wenn du einen erwachsenen Hund aus dem Tierschutz übernom-men hast, kann es eine Weile dauern, bis sich der Hund an häufiges Bürsten gewöhnt. Wenn es dir anfangs nicht gelingt, deinen Hund mit dem Bürsten vertraut zu machen, kannst du es wie das Training in deinen Zeitplan einbauen.

Halte dich an die gleiche Trocknungsroutine, um sicherzustellen, dass das Fell deines Hundes nach dem Bad nicht zu viel Wasser einbehält.

Senioren

Wie bei Trainingseinheiten muss die Fellpflege häufiger für kürzere Zeiträume erfolgen. Wenn du alle 2 oder 3 Tage bürstest und dabei jeweils ein anderes Körperteil anvisierst, hilft das, das Fell deines Hundes gut zu pflegen, ohne dass er lange stehen muss. Verwende eine weiche-

Foto Von
Instagram@nova.inu

re Bürste mit Kunststoffspitzen am Ende der Borsten, da diese sanfter für die Haut deines Hundes sind.

Pflegesitzungen sind eine gute Möglichkeit, nach Problemen zu suchen und gleichzeitig deinem älteren Vierbeiner eine schöne Massage zu geben, um Schmerzen zu lindern. Außerdem sind sie eine großartige Möglichkeit für gemeinsame Zeit. Achte beim Bürsten deines Hundes auf Veränderungen der Haut, wie Beulen oder Fettknoten. Diese sollten bei einem regulären Besuch beim Tierarzt erwähnt werden, wenn sie sehr groß sind.

Allergien

Wenn dein Shiba Inu unter Hot Spots leidet oder du während der Pflegesitzungen bemerkst, dass sein Fell dünner wird, achte auf diese anderen Probleme, die auf Allergien hindeuten könnten:

- Wunden heilen langsamer
- Schwaches Immunsystem
- Schmerzende Gelenke
- Haarausfall
- Ohreninfektionen

Das regelmäßige Bürsten stellt sicher, dass du dir des Zustands des Fells deines Shiba Inus besser bewusst bist, was dir helfen kann, schneller zu erkennen, wenn dein Vierbeiner unter Allergien leidet. Wenn du diese Probleme bemerkst, bringe deinen Shiba Inu zum Tierarzt.

Badezeit

„Nicht zu häufig baden – die Haut des Shibas ist nicht ölig und kann austrocknen."

Susan Norris-Jones
SunJo Shiba Inu & Japanese Chin

Angesichts der Größe und des kurzen Fells von Shiba Inus sollte ein Bad alle drei Monate mehr als ausreichend sein, um deinen Vierbeiner sauber zu halten, besonders wenn du ihn wöchentlich bürstest. Lege deinen Badeplan auf etwa einmal pro Quartal (viermal im Jahr) fest, und dein Hund sollte zufrieden sein. Natürlich, wenn dein Shiba Inu schmutzig wird (was passieren kann, wenn ihr auf Entdeckungstour geht oder wandert), dann musst du dir die Zeit nehmen, deinen Vierbeiner nach jedem dieser Ereignisse zu baden. Achte darauf, dass das Wasser weder kalt noch heiß, sondern angenehm warm ist.

1. Lege dir alles, was du brauchst, zurecht, bevor du beginnst, und überprüfe dann, ob du alles hast, bevor du deinen Shiba Inu holst. Du brauchst mindestens Folgendes:

    a. Shampoo und Conditioner

    b. Becher zum Gießen von Wasser (wenn du in einer Wanne badest)

    c. Handtücher

    d. Bürsten für nach dem Trocknen

    e. Rutschfeste Wannenmatte, wenn du eine Wanne benutzt

Wenn du deinen Hund draußen badest, brauchst du Eimer und andere Utensilien.

2. Geh mit deinem Shiba Inu spazieren. Das wird deinen Hund sowohl ermüden als auch etwas aufwärmen, was das Bad weniger verhasst – vielleicht sogar geschätzt – machen wird.

3. Lass das Wasser laufen und achte darauf, dass die Temperatur lauwarm, aber nicht heiß ist, besonders wenn du gerade einen Spaziergang beendet hast. Wenn du in einer Badewanne wäschst, brauchst du nur genug, um bis zum Bauch deines Vierbeiners zu reichen. Bedecke den Körper deines Hundes nicht vollständig.

Foto Von
Alayne Levine

4. Hebe deinen Hund hoch und sprich mit einer starken, selbstbewussten Stimme – kein Baby-Talk, dein Shiba Inu braucht einen selbstbewussten Rudelführer und will nicht wie ein Kleinkind behandelt werden.

5. Setze den Hund in die Wanne und verwende den Becher, um ihn zu waschen. Verwende nicht zu viel Seife – das ist nicht nötig.

6. Sprich mit deinem Hund, während du ihn badest, und denke daran, dass du selbstbewusst sprechen musst, nicht in einem hohen Ton.

7. Achte darauf, dass kein Wasser in die Augen oder Ohren deines Hundes gelangt. Du darfst kein Wasser auf den Kopf deines Hundes gießen. Verwende eine nasse Hand und reibe sanft, gieße kein Wasser auf den Kopf deines Hundes.

8. Nimm deinen Shiba Inu heraus und trockne ihn mit dem Handtuch ab. Du wirst dafür eine Weile brauchen, wegen des Doppelfells.

9. Bürste deinen Hund, wenn du fertig bist.

Du kannst diese Praktiken auch bei anderen Badearten anwenden, wie draußen oder in einer öffentlichen Waschanlage, und sie an die Werkzeuge anpassen, die du zur Hand hast.

Achte bei den ersten Malen, wenn du deinen Hund badest, auf die Dinge, die ihn stören oder erschrecken. Wenn er Angst vor fließendem Wasser hat, achte darauf, dass das Wasser nicht läuft, wenn dein Hund in der Wanne ist. Wenn er sich viel bewegt, wenn du anfängst, das Shampoo aufzutragen, könnte das darauf hindeuten, dass der Geruch zu stark ist. Du musst den Prozess anpassen, um ihn für deinen Hund so angenehm wie möglich zu gestalten.

Denke daran, dass du während des Bades geduldig und ruhig sein musst. Wenn du verärgert wirst oder deinen Frust an deinem Hund auslässt, wird das alle zukünftigen Bäder umso schwieriger machen, da dein Hund anfangen wird, dir nicht mehr zu vertrauen. Dies ist kein Kampf um Dominanz, sondern ein ehrliches Unverständnis dafür, warum du deinen Hund folterst, wenn er bereits so viel tut, um sich selbst zu reinigen. Behalte einen ruhigen, liebevollen Ton bei, während du deinen Hund wäschst, um es beim nächsten Mal etwas einfacher zu machen. Sicher, dein Shiba Inu mag schreien, einen Wutanfall bekommen oder übermäßig zappeln, aber je besser du darauf reagierst, desto mehr wird der Hund lernen, dass es einfach ein Teil des Rudellebens ist.

Reinigung von Augen und Ohren

Wenn du deinen Shiba Inu badest, achte darauf, dass kein Wasser in seine Ohren gelangt. Du solltest es dir auch zur Gewohnheit machen, seine Ohren einmal pro Woche zu überprüfen, um sicherzustellen, dass sie gesund sind. Er könnte Allergien haben, die das Innere seiner Ohren rot aussehen lassen. Ein warmes, feuchtes Tuch kann auf dem äußeren Teil des Ohrs verwendet werden. Wenn die Rötung nach einem Tag nicht besser ist, vereinbare einen Termin beim Tierarzt. Wenn du Wachsansammlungen siehst, kannst du sie sehr vorsichtig abwischen. Stecke jedoch niemals etwas in die Ohren deines Hundes.

Shiba Inus haben mehrere genetische Augenerkrankungen (Kapitel 17), also nimm dir die Zeit, die Augen deines Hundes immer zu überprüfen, während du ihn pflegst. Katarakte sind ein ziemlich häufiges Problem für alle Hunde im Alter. Wenn du trübe Augen siehst, lass deinen Shiba Inu untersuchen. Wenn er Katarakte entwickelt, musst du den Vierbeiner möglicherweise zur Entfernung bringen, da Katarakte zur Erblindung führen können.

Krallenschneiden

„Krallen können ein großes Problem bei Shibas sein – sie fühlen sich gefangen, wenn Pfoten festgehalten werden. Fange früh an und kürze die Krallen jede Woche ein wenig. Die Verwendung eines Dremels wird oft besser toleriert (Vorsicht, dass die Schleifköpfe heiß werden können und verbrennen – es gibt einen Diamantschleifkopf, der kühl bleibt)."

Susan Norris-Jones
SunJo Shiba Inu & Japanese Chin

Das Schneiden der Krallen von Shiba Inus kann schwierig sein, weil einige schwarze Krallen haben oder es schwierig sein kann zu erkennen, wie viel zu viel ist, was bedeutet, dass du zu viel abschneiden und die Blutgefäße zum Bluten bringen könntest. Es ist am besten, einen Experten die Krallen deines Hundes schneiden zu lassen, bis du sehen kannst, wie es gemacht wird. Wenn du noch nie zuvor Hundekrallen geschnitten hast, solltest du von einem Fachmann lernen, da die Krallen stark bluten können, wenn es falsch gemacht wird. Da es schwierig sein kann zu erkennen, wie weit man bei den Krallen eines Shiba Inus gehen soll, solltest du von einem Experten lernen, bevor du es selbst versuchst. Wenn du bereits weißt, wie man Hundekrallen schneidet, stelle sicher, dass du etwas Blutstillpulver in der Nähe hast, falls du zu viel abschneidest.

Um zu wissen, wann dein Vierbeiner seine Krallen geschnitten bekommen muss, achte darauf, wenn dein Hund auf harten Oberflächen läuft, dass seine Krallen nicht klicken. Wenn sie es tun, solltest du die Häufigkeit erhöhen, mit der du die Krallen deines Hundes kürzen lässt. Als allgemeine Regel wird einmal im Monat empfohlen.

Mundgesundheit und Zähneputzen

Shiba Inus brauchen regelmäßiges Zähneputzen, um Zahnprobleme zu vermeiden, und du wirst wahrscheinlich lernen wollen, es selbst zu tun, anstatt einmal pro Woche einen Salon zu besuchen. Es ist auch gut zu wissen, wie man es macht, wenn sein Atem schlecht riecht oder er etwas isst, das übel riecht.

Auch hier musst du lernen, geduldig zu sein, um einen offenen Kampf mit deinem Hund zu vermeiden. Fest und konsequent mit einer gesunden Portion Geduld ist der Weg, einen Shiba Inu schließlich dazu zu bringen, die Dinge auf deine Art zu tun. Sie werden immer nach Wegen suchen, um zu bekommen, was sie wollen, also musst du ihnen klarmachen, dass es keinen Weg um das Zähneputzen herum gibt, aber dass es keine bedrohliche Aktivität ist.

Verwende immer eine Zahnpasta, die für Hunde hergestellt wurde. Menschliche Zahnpasta kann giftig sein. Der Geschmack der Hundezahnpasta wird es auch einfacher machen, die Zähne deines Hundes zu putzen – oder zumindest unterhaltsam, wenn er versucht, sie zu essen. Um mit dem Zähneputzen deines Vierbeiners zu beginnen:

1. Gib etwas Zahnpasta auf deinen Finger und halte ihn deinem Hund hin.
2. Lass deinen Hund die Zahnpasta ablecken.
3. Lobe deinen Hund dafür, dass er etwas Neues ausprobiert.
4. Gib etwas Zahnpasta auf deinen Finger, hebe die Oberlippe deines Hundes an und beginne, in kreisenden Bewegungen entlang des Zahnfleisches deines Shiba Inus zu reiben. Dein Vierbeiner wird es dir sehr wahrscheinlich schwer machen, indem er ständig versucht, deinen Finger abzulecken. Lobe deinen Welpen, wenn er nicht zu viel zappelt.

a. Versuche, dich in einer kreisförmigen Bewegung zu bewegen. Das wird sehr knifflig sein, besonders mit diesen scharfen Milchzähnen.

b. Versuche, den Welpen stillzuhalten, ohne den kleinen Kerl in einen Schraubstock zu stecken. Wenn dein Welpe größer wird, muss er wissen, wie er für die Reinigung freiwillig stillsitzen kann.

c. Versuche, sowohl das obere als auch das untere Zahnfleisch zu massieren. Es ist wahrscheinlich, dass du die ersten Male nicht viel weiter kommst, als deinen Finger in den Mund deines Hundes zu stecken, und das ist in Ordnung. Mit der Zeit wird dein Welpe lernen zuzuhören, da das Training an anderer Stelle deinem Hund hilft zu verstehen, wann du Befehle gibst.

5. Bleibe positiv. Nein, du wirst wahrscheinlich eine Weile nicht in der Lage sein, die Zähne des Welpen richtig zu reinigen, und das ist völlig in Ordnung, solange du geduldig und konsequent daran arbeitest.

Sobald dein Hund damit einverstanden zu sein scheint, dass du seine Zähne mit deinem Finger putzt, versuche die gleichen Schritte mit einer Zahnbürste. Es mag am Anfang ein ähnliches Hin und Her sein, aber es sollte nicht annähernd so lange dauern. Es könnte ein paar Wochen dauern, bis du zu einer Zahnbürste übergehen kannst, aber selbst wenn es so lange dauert, ist es immer noch eine großartige Zeit, um eure Bindung zu stärken.

KAPITEL 16
Gesundheitsprobleme: Allergien, Parasiten, Impfungen

Umweltfaktoren bestimmen größtenteils, ob dein Hund Parasiten bekommt oder nicht. Wenn du beispielsweise in der Nähe eines Waldgebiets wohnst, ist dein Hund einem höheren Zeckenrisiko ausgesetzt als ein Hund, der in der Stadt lebt. Sprich mit deinem Tierarzt über die besonderen Umweltrisiken für deinen Hund.

Die Rolle deines Tierarztes

Von jährlichen Impfauffrischungen bis hin zu Gesundheitschecks – regelmäßige Tierarztbesuche stellen sicher, dass dein Shiba Inu gesund bleibt. Da Shiba Inus manchmal etwas gleichgültig gegenüber Aufmerksamkeit sein können, ist es möglicherweise schwieriger zu erkennen, wenn es ihm nicht gut geht – bis es Zeit für etwas Aufregendes ist. Wenn dein Shiba Inu nicht so begeistert wie üblich vom Spazierengehen, Wandern oder anderen Aktivitäten ist, die er normalerweise gerne macht, fühlt er sich wahrscheinlich nicht wohl. Jährliche Tierarztbesuche stellen

sicher, dass kein Problem langsam die Energie oder Gesundheit deines Hundes beeinträchtigt.

Gesundheitschecks stellen auch sicher, dass dein Shiba Inu gut altert. Wenn es im Laufe der Jahre frühe Anzeichen für potenzielle Probleme bei deinem Hund gibt (wie Arthritis), ermöglicht eine frühzeitige Diagnose, rechtzeitig Anpassungen vorzunehmen. Der Tierarzt kann dir helfen,

Foto Von
Jerry Simek

Wege zu finden, um Schmerzen und Probleme, die mit dem Alterungsprozess einhergehen, zu bewältigen, und kann Anpassungen des Tagesablaufs empfehlen, um dem alternden Körper und den nachlassenden Fähigkeiten deines Vierbeiners gerecht zu werden. So könnt ihr weiterhin gemeinsam Spaß haben, ohne deinem Hund zu schaden.

Tierärzte können Behandlungen und/oder vorbeugende Medikamente gegen verschiedene Parasiten und mikroskopische Bedrohungen anbieten, denen dein Hund im Freien, bei Interaktionen mit anderen Hunden oder durch Kontakt mit Tieren außerhalb deines Zuhauses begegnen kann.

Allergien

Wie Menschen können auch Hunde Allergien haben, und Shiba Inus sind oft von diesem Problem betroffen. Das Problem ist, dass es schwierig sein kann zu erkennen, wann ein Hund eine allergische Reaktion hat. Der wissenschaftliche Name für Umweltallergien ist atopische Dermatitis, aber es ist schwieriger festzustellen, ob das Problem in der Umgebung oder im Futter, das du deinem Hund gibst, liegt. Die Symptome sind bei Hunden für beide Arten von Allergien ähnlich:

- Juckreiz/Kratzen, besonders im Gesichtsbereich
- Hot Spots
- Ohreninfektionen
- Hautinfektionen
- Laufende Augen und Nase (nicht häufig)

Das Bürsten deines Hundes ist eine gute Gelegenheit, auf viele dieser möglichen Probleme zu achten.

Hunde entwickeln oft Allergien, wenn sie zwischen 1 und 5 Jahre alt sind. Sobald sie Allergien entwickelt haben, wachsen Hunde nicht aus dem Problem heraus. Hundeallergien sind meist auf Hautkontakt zurückzuführen, aber manche Hunde können auch allergisch auf das Einatmen mikroskopischer Partikel wie Staub, Schimmelpilze und Pollen reagieren.

Da die Symptome bei Futter- und Umweltallergien gleich sind, musst du mit deinem Tierarzt über die Ursachenbestimmung sprechen. Wenn dein Hund eine Futtermittelallergie hat, musst du nur das Futter wechseln, das du ihm gibst. Hat er eine Umweltallergie, braucht er Medikamente, genau wie Menschen. Deshalb solltest du wissen, ob das Problem durch etwas Saisonales (wie Pollen) oder etwas Ganzjähriges verursacht wird, damit du weißt, wann du deinen Hund behandeln musst.

Wie bei Menschen ist es nicht wirklich möglich, das Problem vollständig zu beseitigen – es gibt nur begrenzte Möglichkeiten, die Umgebung deines Hundes zu verändern. Es gibt verschiedene Arten von Medikamenten, die deinem Hund helfen können, weniger empfindlich auf die Allergene zu reagieren.

- Antibakterielle/Antimykotische Mittel – Shampoos, Tabletten und Cremes behandeln in der Regel nicht die Allergie selbst, sondern die Probleme, die mit Allergien einhergehen, wie bakterielle Infektionen und Hefepilzinfektionen.

- Entzündungshemmende Mittel – Dies sind rezeptfreie orale Medikamente, die mit Allergiemedikamenten für Menschen vergleichbar sind. Du solltest vorsichtig sein, wenn du diese Medikamente verwendest, und deinen Hund beobachten, um zu sehen, ob er Nebenwirkungen hat. Beginne nicht, deinem Hund Medikamente zu geben, ohne vorher den Tierarzt zu konsultieren. Wenn dein Hund eine schlechte Reaktion zeigt, wie Lethargie, Durchfall oder Dehydrierung, solltest du deinen Tierarzt konsultieren.

- Immuntherapie – Eine Reihe von Injektionen kann die Empfindlichkeit deines Hundes gegenüber dem, worauf er allergisch ist, reduzieren. Dies ist etwas, das du zu Hause machen kannst, sodass du deinen Hund nicht zum Tierarzt bringen musst, um die Serie abzuschließen. Lerne von deinem Tierarzt, wie man die Spritzen gibt, und dann kannst du herausfinden, wie du die Spritzen für deine Region bekommst. Wissenschaftler entwickeln auch eine orale Version des Medikaments, um die Pflege deines Hundes zu erleichtern.

- Topische Mittel – Diese Medikamente sind in der Regel eine Art Shampoo und Conditioner, die Allergene aus dem Fell deines Hundes entfernen. Ein warmes (nicht heißes) Bad kann deinem Hund auch helfen, Juckreiz zu lindern.

Sprich mit deinem Tierarzt über die verfügbaren Medikamente für deinen Hund, um die beste Behandlung für deine Situation und die Bedürfnisse deines Shiba Inus zu bestimmen.

Inhalations- und Umweltallergien

Inhalationsallergien werden durch Dinge wie Staub, Pollen, Schimmelpilze und sogar Hundehaare verursacht. Die Reaktion eines Hundes ist tendenziell anders als die eines Menschen. Anstatt zu niesen und eine laufende Nase zu haben, neigen Hunde aufgrund der Allergie eher zu Juckreiz. Dein Hund könnte an einem bestimmten Hot Spot kratzen oder er könnte anfangen, an seinen Augen und Ohren zu kratzen. Einige Hunde haben auch laufende Nasen und niesen stark, aber das ist normalerweise zusätzlich zum Kratzen.

Kontaktallergien

Kontaktallergien bedeuten, dass dein Hund etwas berührt hat, das eine allergische Reaktion auslöst. Dinge wie Wolle, Chemikalien in einer Flohbehandlung und bestimmte Gräser können Reizungen der Hundehaut auslösen und sogar Verfärbungen verursachen. Unbehandelt kann die allergische Reaktion starke Gerüche abgeben und zu Fellverlust führen.

Wie bei Nahrungsmittelallergien sind Kontaktallergien leicht zu behandeln, denn sobald du weißt, was die Haut deines Hundes reizt, kannst du das Problem beseitigen.

Flöhe und Zecken

Da Shiba Inus so gerne draußen sind, sind sie einem viel größeren Risiko für Zecken und Flöhe ausgesetzt als viele andere Hunde, und beide Parasiten sind aufgrund des dunklen Fells eines Shiba Inus nicht leicht zu sehen. Daher darfst du keine Lücke in der Anti-Floh- und Zeckenbehandlung zulassen, auch nicht im Winter.

Gewöhne dir an, nach jedem Ausflug in den Wald oder in die Nähe von hohem Gras oder Wildpflanzen nach Zecken zu suchen. Kämme durch das Fell deines Hundes und überprüfe seine Haut auf Reizungen und Parasiten. Da du dies häufig tun wirst, solltest du in der Lage sein zu bemerken, wenn sich etwas ändert, wie zum Beispiel eine neue Beule.

Da dein Hund sehr glücklich sein wird, Zeit mit dir zu verbringen, sollte die Hautuntersuchung nicht lange dauern.

Flöhe sind problematisch, weil sie viel beweglicher sind als Zecken. Der beste Weg, nach Flöhen zu suchen, ist, es zu einem regelmäßigen Teil deiner Bürstsitzungen zu machen. Du kannst auch nach Verhaltenshinweisen suchen, wie unaufhörliches Kratzen und Lecken. Du musst regelmäßig Flohschutzmittel verwenden, sobald dein Welpe ein angemessenes Alter erreicht hat.

Das BVL (Bundesamt für Verbraucherschutz und Lebensmittelsicherheit) und deutsche Tierärzte haben Informationen über einige im Handel erhältliche Behandlungen herausgegeben. Ob du dich für den Kauf von Behandlungen entscheidest, die monatlich angewendet werden müssen, oder für ein Halsband für ständigen Schutz, du musst die Behandlung überprüfen, um zu sehen, ob sie Isoxazolin enthält (enthalten in Bravecto, Nexgard, Credelio und Simparica), da dieser Inhaltsstoff eine nachteilige Wirkung auf Haustiere haben kann. Das BVL hat speziell zu Bravecto Informationen veröffentlicht und weist darauf hin, dass unerwünschte Arzneimittelwirkungen gemeldet wurden, die über teilweise schwere neurologische Störungen berichten. Während andere Inhaltsstoffe bei richtiger Dosierung für Haustiere sicher sind, kann ein Produkt, das für einen größeren Hund gedacht ist, für deinen Hund giftig sein. Besprich mit deinem Tierarzt empfohlene Behandlungen, um sicherzustellen, dass du die richtige Dosis Floh- und Zek-

Foto Von
Cheryl Carleton

175

kenschutzmittel für die Größe und Bedürfnisse deines Hundes erhältst. Wenn du mit der Anwendung der Behandlung beginnst, beobachte deinen Hund auf folgende Probleme:

- Durchfall/Erbrechen
- Zittern
- Lethargie
- Krampfanfälle

Bringe deinen Hund zum Tierarzt, wenn du eines dieser Probleme bemerkst.

Verwende niemals ein für einen Hund bestimmtes Produkt bei einer Katze oder umgekehrt. Wenn dein Hund krank, trächtig oder säugend ist, musst du möglicherweise nach einer alternativen Behandlung suchen. Flohhalsbänder werden im Allgemeinen nicht empfohlen, da sie bekanntermaßen Probleme bei Haustieren und Menschen verursachen. Wenn du eine Katze oder kleine Kinder hast, solltest du eine der anderen Optionen wählen, um Flöhe und Zecken von deinem Hund fernzuhalten. Dies liegt daran, dass Flohhalsbänder einen Inhaltsstoff enthalten, der für Katzen tödlich ist und von dem man glaubt, dass er für Menschen krebserregend sein könnte.

Wenn du eine Flohbehandlung kaufst, lies unbedingt die Verpackung, um herauszufinden, wann der richtige Zeitpunkt ist, um mit der Behandlung deines Hundes zu beginnen, basierend auf seinem aktuellen Alter und seiner Größe. Verschiedene Marken haben unterschiedliche Empfehlungen, und du möchtest nicht zu früh mit der Behandlung deines Welpen beginnen. Es gibt auch sehr wichtige Schritte, um die Behandlung anzuwenden. Stelle sicher, dass du alle Schritte verstehst, bevor du die Flohbehandlung kaufst.

Wenn du natürliche Produkte anstelle von chemischen verwenden möchtest, nimm dir ein paar Stunden Zeit, um die Alternativen zu recherchieren und herauszufinden, was für deinen Shiba Inu am besten funktioniert. Überprüfe, ob natürliche Produkte wirken, bevor du sie kaufst, und stelle sicher, dass du deinen Tierarzt konsultierst. Die Einrichtung eines regelmäßigen Zeitplans und das Hinzufügen zum Kalender wird dir helfen, daran zu denken, deinen Hund jeden Monat konsequent zu behandeln.

Parasitische Würmer

Obwohl Würmer ein weniger häufiges Problem als Flöhe und Zecken sind, können sie weitaus gefährlicher sein. Dein Hund kann durch Würmer krank werden, die von Flöhen und Zecken übertragen werden. Es gibt eine Reihe von Wurmarten, über die du Bescheid wissen solltest:

- Herzwürmer
- Hakenwürmer
- Rundwürmer
- Bandwürmer
- Peitschenwürmer

Leider gibt es keine leicht erkennbaren Symptome, die helfen zu erkennen, wann dein Hund Würmer hat. Du kannst jedoch auf diese Symptome achten und wenn dein Hund sie zeigt, einen Besuch beim Tierarzt vereinbaren.

- Dein Shiba Inu ist unerwartet lethargisch für mindestens ein paar Tage.
- Fellstellen beginnen auszufallen (dies wird auffallen, wenn du deinen Shiba Inu regelmäßig bürstest) oder wenn du fleckige Stellen im Fell deines Hundes bemerkst.
- Der Bauch deines Hundes ist aufgebläht und sieht wie ein Schmerbauch aus.
- Dein Shiba Inu beginnt zu husten, zu erbrechen, hat Durchfall oder Appetitlosigkeit.

Wenn du dir bei einem Symptom nicht sicher bist, ist es immer am besten, so schnell wie möglich zum Tierarzt zu gehen, um es überprüfen zu lassen.

Herzwürmer

Herzwürmer sind eine erhebliche Bedrohung für die Gesundheit deines Hundes und können tödlich sein, da sie den Blutfluss verlangsamen und stoppen können. Du solltest deinen Hund aktiv mit Herzwurmschutz behandeln, um sicherzustellen, dass dieser Parasit kein Zuhause in deinem Hund findet.

Glücklicherweise gehören Herzwürmer zu den am einfachsten zu verhindernden Gesundheitsproblemen. Es gibt Medikamente, die sicherstellen können, dass dein Shiba Inu keine Herzwürmer bekommt. Um dieses sehr ernste Problem zu verhindern, kannst du deinem Hund ein Kaumedikament oder ein topisches Medikament geben oder Injektionen anfordern.

Dieser spezielle Parasit wird von Mücken übertragen, die in den meisten Regionen des Landes nahezu unvermeidbar sind. Da Herzwürmer potenziell tödlich sind, sind vorbeugende Maßnahmen unerlässlich.

Wenn ein Hund Herzwürmer hat, ist die Behandlung und Heilung kostspielig und zeitaufwändig, aber es wird sich wegen des Wohlbefindens der Hunde lohnen.

1. Der Tierarzt wird zunächst Blut für Tests abnehmen, was bis zu 1.000 Dollar kosten kann.
2. Die Behandlung beginnt mit einigen ersten Medikamenten, darunter Antibiotika und entzündungshemmende Medikamente.
3. Nach einem Monat mit der ersten Medikation wird dein Tierarzt deinem Hund über einen Zeitraum von zwei Monaten drei Injektionen geben.

Von dem Zeitpunkt an, an dem der Tierarzt bestätigt, dass dein Hund Herzwürmer hat, bis er oder sie sagt, dass dein Hund frei von dem Parasiten ist, musst du deinen Hund ruhig halten. Dein Tierarzt wird dir sagen, wie du deinen Hund in dieser Zeit am besten bewegst. In Anbetracht der Tatsache, dass dein Shiba Inu wahrscheinlich energiegeladen ist, wird dies eine sehr schwierige Zeit für dich und deinen Hund sein. Du musst vorsichtig sein, wenn dein Hund sich bewegt, da die Würmer im Herzen deines Hundes sind und den Blutfluss hemmen. Daher kann zu viel Herzschlag deinen Hund töten.

Die Behandlung wird nach Abschluss der Injektionen fortgesetzt. Nach etwa 6 Monaten wird dein Tierarzt einen weiteren Bluttest durchführen, um sicherzustellen, dass die Würmer verschwunden sind.

Sobald dein Hund von den Parasiten befreit ist, musst du darauf achten, deinen Hund gegen Herzwürmer zu behandeln. Du möchtest sicherstellen, dass dein armer kleiner Kerl das nicht noch einmal durchmachen muss. Es wird bleibende Schäden am Herzen deines Hundes hinterlassen, daher musst du sicherstellen, dass dein Hund sich nicht überanstrengt.

Darmwürmer: Hakenwürmer, Rundwürmer, Bandwürmer und Peitschenwürmer

Alle vier dieser Würmer gedeihen im Darmtrakt deines Hundes und gelangen dorthin, wenn dein Hund etwas frisst, das mit ihnen kontaminiert ist. Im Folgenden sind die häufigsten Wege aufgeführt, wie Hunde Würmer aufnehmen:

- Kot
- Kleine Wirte wie Flöhe, Kakerlaken, Regenwürmer und Nagetiere
- Erde, einschließlich des Ableckens von Fell und Pfoten
- Verunreinigtes Wasser
- Muttermilch (wenn die Mutter Würmer hat, kann sie diese an junge Welpen weitergeben, wenn sie trinken)

Foto Von
Sophie Riggs

Im Folgenden sind die häufigsten Symptome und Probleme aufgeführt, die durch Darmparasiten verursacht werden:

- Anämie
- Blutverlust
- Husten
- Dehydrierung

- Durchfall
- Dickdarmentzündung
- Gewichtsverlust

Wenn ein Hund in Erde mit Hakenwurmlarven ruht, kann der Parasit durch die Haut des Hundes bohren. Tierärzte führen einen diagnostischen Test durch, um festzustellen, ob dein Hund diesen Parasiten hat. Wenn dein Hund Hakenwürmer hat, wird dein Tierarzt ein Entwurmungsmittel verschreiben. Du solltest selbst einen Arzt aufsuchen, da auch Menschen Hakenwürmer bekommen können.

Rundwürmer sind ähnlich wie Flöhe, da sie sehr häufig vorkommen und die meisten Hunde irgendwann in ihrem Leben gegen sie behandelt werden müssen. Sie fressen hauptsächlich die verdaute Nahrung im Magen deines Hundes und erhalten die Nährstoffe, die dein Hund benötigt. Es ist möglich, dass Larven in deinem Hund verbleiben, auch nachdem alle erwachsenen Würmer ausgerottet wurden. Mütter können diese Larven an ihre Welpen weitergeben. Das bedeutet, wenn du eine trächtige Shiba Inu hast, musst du ihre Welpen regelmäßig untersuchen lassen, um sicherzustellen, dass die inaktiven Larven nicht an die Welpen weitergegeben werden. Die Mutter muss auch die gleichen Tests durchlaufen, um sicherzustellen, dass sie sie nicht krank machen. Zusätzlich zu den oben aufgeführten Symptomen kann dein Shiba Inu einen Schmerbauch haben. Du kannst die Würmer auch im Kot oder Erbrochenen deines Hundes sehen.

Bandwürmer werden normalerweise als Eier gefressen, die normalerweise von Flöhen oder aus dem Kot anderer Tiere mit Bandwürmern übertragen werden. Sie entwickeln sich im Dünndarm des Hundes, bis sie erwachsen sind. Im Laufe der Zeit werden Teile des Bandwurms abbrechen und im Kot deines Hundes sichtbar, der sorgfältig beseitigt werden muss, um zu verhindern, dass andere Tiere Bandwürmer bekommen. Obwohl Bandwürmer in der Regel nicht tödlich sind, können sie zu Gewichtsverlust führen, während sie deinem Hund einen Schmerbauch geben (abhängig davon, wie groß die Würmer in den Därmen deines Hundes werden).

Dein Tierarzt kann deinen Hund testen, um zu sehen, ob er Bandwürmer hat, und wird ein Medikament verschreiben, das du deinem Hund geben kannst, einschließlich Kauartikel, Tabletten oder ein Medikament, das du auf das Futter deines Hundes streuen kannst. Es besteht ein geringes Risiko, dass Menschen Bandwürmer bekommen, wobei Kinder am stärksten gefährdet sind, weil sie wahrscheinlich in Bereichen spielen, in denen es Hundekot gibt, und sich danach nicht sorgfältig genug die Hände waschen. Es ist möglich, Bandwürmer zu bekommen, wenn eine Person einen Floh schluckt, was möglich ist, wenn dein Hund und dein Zuhause stark befallen sind.

Peitschenwürmer wachsen im Dickdarm und können in großer Anzahl tödlich sein. Ihr Name ist bezeichnend für ihr Aussehen, wobei ihre Schwänze dünner erscheinen als der obere Abschnitt. Wie bei den anderen Würmern musst du deinen Hund testen lassen, um festzustellen, ob er krank ist.

Die Einhaltung von Flohbehandlungen, die Sicherstellung, dass Menschen hinter ihren Haustieren aufräumen, und die Überwachung, um sicherzustellen, dass dein Shiba Inu keinen Müll oder tierischen Kot frisst, sind die besten vorbeugenden Maßnahmen, um deinen Hund vor diesen Parasiten zu schützen.

Wenn dein Hund Hakenwürmer oder Rundwürmer hat, können diese durch Hautkontakt von deinem Hund auf dich übertragen werden. Eine gleichzeitige Behandlung mit deinem Shiba Inu kann helfen, den Teufelskreis zu durchbrechen, bei dem ihr euch ständig gegenseitig mit Würmern ansteckt.

Vorbeugende Maßnahmen gegen all diese Würmer können in die vorbeugende Medikation gegen Herzwürmer einbezogen werden. Sprich mit deinem Tierarzt über die verschiedenen Möglichkeiten, um zu verhindern, dass dein Haustier an diesen Gesundheitsproblemen leidet.

Impfung deines Shiba Inu

Impfpläne sind für alle Hunderassen, einschließlich Shiba Inu, fast universell. Die folgende Liste kann dir helfen sicherzustellen, dass dein Shiba Inu die notwendigen Impfungen nach Plan erhält. Vergiss nicht, dies in deinen Kalender einzutragen. Zur Erinnerung: Beim ersten Tierarztbesuch sollten keine Impfungen verabreicht werden. Dein neuer Hund hat bereits genug Stress mit all den Veränderungen in seinem Leben, ohne dass Krankheit hinzukommt. Wenn dein Welpe kurz nach der Ankunft in deinem Zuhause weitere Impfungen benötigt, sollte dieser Termin separat geplant werden, sobald sich dein Welpe in deinem Zuhause wohler fühlt.

Die folgende Tabelle enthält Details darüber, welche Impfungen wann verabreicht werden sollten.

Zeitspanne	Shot		
6 bis 8 Wochen	Bordetella	Leptospira	DHPP – Erste Impfung
	Lyme	Influenza Virus-H3N8	Influenza Virus-H3N2
10 bis 12 Wochen	Leptospira	DHPP – Zweite Impfung	Tollwut
	Lyme	Influenza Virus-H3N8	Influenza Virus-H3N2
14 bis 16 Wochen	Dritte Impfung		
Jährlich	Leptospira	Bordetella	Tollwut
	Lyme	Influenza Virus-H3N8	Influenza Virus-H3N2
Alle 3 Jahre	DHPP Auffrischung	Tollwut (wenn du dich für eine längerfristige Impfung entscheidest)	

Diese Impfungen schützen deinen Hund vor einer Reihe von Krankheiten. Denk daran, dass du Impfungen zu einem jährlichen Bestandteil der Tierarztbesuche deines Hundes machen musst, damit du deinen Welpen weiterhin schützen kannst.

Ganzheitliche Alternativen

Es ist sinnvoll, einen Hund vor zu viel Kontakt mit chemischen Behandlungen zu schützen, und es gibt viele gute Gründe, warum Menschen zu ganzheitlicheren Methoden übergehen. Dies erfordert jedoch viel mehr Recherche und Überwachung, um sicherzustellen, dass die Methoden wirken – und vor allem deinem Hund nicht schaden. Ungeprüfte ganzheitliche Medizin kann Geldverschwendung sein oder schlimmer noch, sie kann sogar schädlich für dein Haustier sein.

Wenn du dich für ganzheitliche Medikamente entscheidest, sprich mit deinem Tierarzt über deine Möglichkeiten. Du kannst auch Shiba Inu-Experten befragen, um zu sehen, was sie empfehlen, bevor du mit Methoden beginnst, die dich interessieren. Recherchiere darüber, was Wissenschaftler über die Medizin gesagt haben, die du in Betracht ziehst. Es besteht die Möglichkeit, dass die Produkte, die du in einem Geschäft kaufst, tatsächlich besser sind als einige ganzheitliche Medikamente.

Stelle sicher, dass du gründlich in deiner Recherche bist und dass du keine unnötigen Risiken für die Gesundheit deines Shiba Inu eingehst.

KAPITEL 17
Genetische Gesundheitsprobleme beim Shiba Inu

„Shibas können lockere Kniescheiben (Patella) haben, was zu Lahmheit in der Hinterhand führt, außerdem Glaukom, das zur Erblindung führen kann, und Hüftdysplasie. Gute Züchter testen alle ihre Zuchttiere auf diese Anomalien, daher solltest du einen gewissenhaften, sachkundigen Züchter wählen."

CJ Strehle
JADE Shiba Inu

Alle Rassehunde haben genetische Erkrankungen, auch der Shiba Inu. Trotzdem sind sie, angesichts der Tatsache, dass sie seit Jahrtausenden existieren, eine unglaublich gesunde Rasse. Dies liegt größtenteils daran, wie vorsichtig die Züchter waren, als sie die Rasse vor dem Aussterben bewahrten. Sie lernten auch eine wertvolle Lektion darüber, wie man am besten sicherstellt, dass die Hunde bei der Geburt gesund sind. Gute Züchter bieten Garantien an (Kapitel 3), die sicherstellen, dass Welpen zurückgegeben werden können, wenn sie eines der bekannten genetischen Probleme der Rasse haben. Um die Anforderungen dieser Garantien zu erfüllen, musst du die Probleme und ihre Symptome kennen. Je früher du beginnst, möglichen Problemen entgegenzuwirken, desto gesünder wird dein Shiba Inu wahrscheinlich sein.

Züchter sollten in der Lage sein, Gesundheitsnachweise zusätzlich zu Impfnachweisen und erforderlichen Tests bereitzustellen. Sicherzustellen, dass die Eltern gesund sind, erhöht die Wahrscheinlichkeit, dass dein Welpe sein ganzes Leben lang gesund bleibt. Es besteht jedoch immer noch die Möglichkeit, dass dein Hund eines dieser dokumentierten Probleme hat, selbst wenn die Eltern es nicht haben, daher musst du deinen Freund trotzdem im Auge behalten.

Wie wir bereits erwähnt haben, sind Allergien das häufigste Problem bei Shiba Inus. Kapitel 16 bietet weitere Details zu Anzeichen von Allergien. Dieses Kapitel konzentriert sich speziell auf andere potenzielle Erbkrankheiten.

Foto Von
Kristi Wiegraffe

Hüft- und Ellenbogendysplasie

Hüft- und Ellenbogendysplasie ist ein häufiges Problem bei Hunden, besonders bei solchen mit Arbeitsgeschichte. Die Ernährung eines Hundes (Kapitel 13) als Welpe kann dazu beitragen, Probleme im Erwachsenenalter zu minimieren. Beide Arten von Dysplasie entstehen durch fehlgebildete Hüft- und Beingelenke, was oft zu Arthritis führt, da der unsachgemäße Sitz den Knorpel schädigt. Der Zustand kann durch Röntgenaufnahmen erkannt werden, sobald ein Hund erwachsen ist.

Dysplasie ist ein Problem, das dein Shiba Inu möglicherweise zu verbergen versucht, weil er nicht langsamer werden möchte. Dein erwachsener Hund wird etwas steifer laufen oder kann hecheln, auch wenn es nicht heiß ist. Der Zustand wird in der Regel offensichtlicher, wenn ein Hund sich seinen goldenen Jahren nähert, ähnlich wie ältere Menschen dazu neigen, ihren Gang zu ändern, um Schmerzen zu berücksichtigen. Das Aufstehen kann mit zunehmendem Alter deines Hundes schwieriger werden.

Während in schweren Fällen eine Operation eine Option ist, können die meisten Hunde von weniger invasiven Behandlungen profitieren:

- Entzündungshemmende Medikamente – sprich mit deinem Tierarzt (Hunde sollten nicht täglich große Dosen entzündungshemmender Medikamente erhalten, da diese die Nieren schädigen können)
- Reduziere die Menge an Übungen mit hoher Belastung, die dein Hund bekommt, besonders auf Holzböden, Fliesen, Beton oder anderen harten Oberflächen (du kannst mehr Aktivitäten einbauen, die ihn beschäftigen, ohne die erschütternden Bewegungen des Gehens und Joggens auf harten Oberflächen)
- Einnehmbare   Gelenkflüssigkeitsmodifikatoren,   wie Glucosamin-Leckerlis
- Physiotherapie (wie Hydrotherapie, bei der dein Hund auf einem Laufband im Wasser läuft), die du mit deinem Tierarzt besprechen solltest
- Gewichtsabnahme (für Hunde, die übergewichtig oder fettleibig sind)

Patellaluxation

Der Shiba Inu kann an Patellaluxation leiden, auch bekannt als rutschende Kniescheiben. Wenn die Kniescheiben nicht richtig in den Gelenkpfannen sitzen, können die Hinterbeine einige kleinere Probleme

Foto Von
Inger Lise Fløtten

haben. In den meisten Fällen ist die Patellaluxation kein ernstes Problem und verursacht bekanntermaßen wenig Schmerzen. Gelegentlich ist jedoch eine Operation erforderlich, um die wiederholte Verschiebung der Kniescheibe zu beheben.

Wenn dein Shiba Inu gelegentlich beim Gehen Schmerzen zu haben scheint oder beim Laufen aufschreit, könnte dies ein Anzeichen für diesen Zustand sein. Sie neigen dazu, das betroffene Bein für kurze Zeit hochzuhalten, um die Schmerzen zu lindern. Es kann schwierig sein, dies zu erkennen, es sei denn, ein Hund hat einen schwereren Fall, besonders wenn dein Hund älter wird.

Augenprobleme

„Glaukom ist ein sehr ernstes und schmerzhaftes Problem; leider tritt es meist erst spät auf und zeigt sich erst im Alter von 8 Jahren oder älter."

Susan Norris-Jones
SunJo Shiba Inu & Japanischer Chin

Die mandelförmigen, braunen Augen des Shiba Inu spiegeln ihre intensive Intelligenz und ihre Berechnungen der Welt um sie herum wider, aber diese schönen Augen haben auch mehrere erbliche Probleme. Glücklicherweise sind sie in der Regel nicht schwerwiegend.

Entropium

Entropium tritt auf, wenn sich die Augenlider des Hundes nach innen rollen und die Hornhaut beschädigen, da die Wimpern sie zerkratzen. Die korrigierende Operation, die dieses Problem behebt, kann eine andere Augenstörung verursachen, das Ektropium. Dabei hängt das untere Augenlid herab, sodass das weiche rosa Gewebe unter dem Auge sichtbar wird. Während Ektropium kein ernstes Problem ist – Basset Hounds leben damit als natürlicher Teil ihrer Gesichtsstruktur – erhöht es die Wahrscheinlichkeit von Augeninfektionen.

Mikrophthalmie

Dies ist kein häufiges Problem, aber gelegentlich werden einige Welpen mit kleinen Augen geboren, was als Mikrophthalmie bezeichnet wird. In den meisten Fällen sind diese Hunde blind, und es ist unwahrscheinlich, dass ein seriöser Züchter diese Welpen vermitteln würde.

Pilzinfektionen der Ohren

Die Ohren von Hunden können einen dunklen, warmen Ort für Pilze, Hefe und Bakterien bieten. Allergien können ein wichtiger Faktor sein, aber alle Hunde sind anfällig für diese Art von Infektionen. Deshalb ist es absolut wichtig, dass du die Ohren deines Hundes beim Baden nicht nass werden lässt und die Gesundheit seiner Ohren überwachst. Achte auf folgende Probleme in den Ohren deines Hundes:

- Farbiger Ausfluss (besonders braun oder blutig)
- Schwellung und Rötung
- Krustenbildung auf der Haut der Ohrmuschel
- Kratzen am Ohr oder häufiges Kopfschütteln
- Verlust des Gehörs oder des Gleichgewichts
- Im Kreis laufen (über das übliche Maß für Toiletteninspektionen oder Nestbau vor dem Hinlegen hinaus)

Wenn du eines dieser Symptome bemerkst, bringe deinen Hund zum Tierarzt, auch wenn die Symptome mild erscheinen. Es gibt eine Reihe verschiedener verfügbarer Behandlungen, abhängig von der Schwere des Zustands. Normalerweise wird eine Antipilzcreme empfohlen, aber schwerwiegendere Probleme (wie eine Infektion im Mittelohr) könnten Injektionen oder Operationen erfordern.

Wenn dein Hund unter chronischen Pilzinfektionen der Ohren leidet, wird dein Tierarzt wahrscheinlich einen Ohrreiniger empfehlen, der das Problem verhindern soll, oder eine Lösung, die den Bereich trocken hält.

Häufige Fehler von Haltern

Neben genetischen Problemen gibt es Dinge, die du tun kannst, die die Gesundheit deines Hundes in Bezug auf Ernährung und Bewegungsniveau schädigen könnten. In den ersten Tagen ist es ein schwieriges Gleichgewicht, da dein Welpe überschwänglich und lebhaft ist. Selbst wenn er ein ausgewachsener Hund ist, musst du sicherstellen, dass du die Belastung des Körpers deines Shiba Inu minimierst. Gewichtsmanagement ist eine wichtige Möglichkeit, deinen Hund gesund zu halten. Du musst sicherstellen, dass dein Hund die richtige Ernährung für sein Aktivitätsniveau erhält, um zu verhindern, dass er ein höheres Risiko hat, Hüft- und Ellenbogendysplasie zu verschlimmern.

Foto Von
Reagan Smith

Das Versäumnis, frühe Anzeichen möglicher Probleme zu bemerken, kann schädlich, und sogar tödlich sein. Wenn du zu irgendeinem Zeitpunkt seltsame Veränderungen im Verhalten deines Hundes bemerkst, bringe ihn zum Tierarzt. Bei einer recht gesunden Rasse wie dem Shiba Inu ist seltsames Verhalten wahrscheinlich ein Zeichen für etwas, das überprüft werden sollte.

Vorbeugung und Überwachung

Der jüngste Trend zu „niedlichen" übergewichtigen Shiba Inus hat auf die potenziellen Gesundheitsrisiken aufmerksam gemacht, die dieser Trend verursachen kann. Dies ist eine Rasse, die bereits von sich aus niedlich ist, daher solltest du die Gesundheit deines Hundes nicht im Namen der Niedlichkeit opfern. Nimm dir stattdessen zusätzliche Zeit, um deinem Hund beizubringen, etwas Niedliches zu tun. Das ist sowohl gesünder als auch unterhaltsamer.

Die Überwachung des Gewichts deines Shiba Inu ist mindestens einmal im Quartal oder zweimal im Jahr wichtig. Da Hüft- und Ellenbogendysplasie ein echtes genetisches Problem darstellen, wird zusätzliches

Gewicht die Dinge nur verschlimmern. Dein Tierarzt wird wahrscheinlich mit dir sprechen, wenn dein Hund übergewichtig ist, denn dies belastet nicht nur die Beine, Gelenke und Muskeln des Hundes, sondern kann auch negative Auswirkungen auf das Herz, den Blutfluss und das Atmungssystem deines Hundes haben. Sprich unbedingt mit deinem Tierarzt, wenn du bemerkst, dass dein Shiba Inu Probleme hat. Diese regelmäßigen Tierarztbesuche können dir helfen, Probleme anzugehen, die du vielleicht nicht für so wichtig hältst. Manchmal sind die Symptome, die du bemerkst, ein Anzeichen für ein zukünftiges Problem.

KAPITEL 18
Der alternde Shiba Inu

Die meisten Shiba Inu werden zwischen 12 und 15 Jahre alt, sodass du wahrscheinlich eine ganze Reihe wirklich guter Jahre mit deinem kleinen, unabhängigen Liebling haben wirst. Es gab sogar einige Fälle, in denen gut versorgte Shiba Inu über zwei Jahrzehnte lebten – aktuell hält ein Shiba Inu den Rekord für den ältesten Hund (er wurde 26 Jahre alt). Auch wenn dies deutlich länger als der Durchschnitt ist, zeigt es doch, dass dein Shiba Inu mit der richtigen Pflege ein langes, glückliches Leben führen kann.

Irgendwann wirst du bemerken, dass dein Shiba Inu langsamer wird, und das ist ein Zeichen dafür, dass dein kleiner Freund anfängt, das Alter in seinen Knochen zu spüren. Dies geschieht normalerweise im Alter von etwa 9 oder 10 Jahren. Ein Hund kann sein ganzes Leben lang gesund bleiben, aber sein Körper wird trotzdem nicht mehr die gleichen Aktivitäten ausführen können, wenn die Jahre ihren Tribut fordern. Die Anpassungen, die mit zunehmendem Alter deines Hundes notwendig werden, richten sich nach den spezifischen Bedürfnissen deines Shiba Inu. Die ersten Anzeichen sind meist ein etwas steiferes Gangbild oder wenn er bei Spaziergängen oder beim Joggen früher anfängt, schwer zu hecheln. Wenn du das bemerkst, reduziere das Joggen oder höre ganz damit auf und gehe stattdessen zu energischeren Spaziergängen über. Wahrscheinlich wird dein Shiba Inu weiterhin aktiv sein wollen, was bedeutet, dass du dafür sorgen musst, dass die Aktivitäten nicht aufhören, sondern nur die Art der Aktivitäten angepasst wird.

Dein Zeitplan wird sich ändern müssen, wenn dein Vierbeiner langsamer wird. Achte darauf, dass sich dein Hund nicht überanstrengt, da Shiba Inu möglicherweise zu sehr darauf fixiert sind, aktiv zu sein, um zu merken, dass sie sich verletzen und eine Pause brauchen. Als äußerst unabhängiger Hund wird dein Shiba Inu wirklich nicht akzeptieren wollen, dass sich die Dinge ändern und er dies nicht kontrollieren kann.

Es gibt einen Grund, warum diese Jahre als die goldenen Jahre bezeichnet werden – du kannst sie wirklich mit deinem Hund genießen. Du musst dir keine großen Sorgen mehr machen, dass er aus Langeweile Dinge zerstört oder bei Spaziergängen überreizt wird. Du kannst faule Abende und ruhige Wochenenden mit etwas weniger anstrengender Bewegung genießen, um den Tag aufzulockern. Es ist einfach, die Seniorenjahre für deinen Shiba Inu und dich selbst durch die notwendigen Anpassungen unglaublich angenehm zu gestalten.

Herausforderungen bei der Seniorenpflege

In den meisten Fällen ist die Pflege eines älteren Hundes viel einfacher als die eines jüngeren Hundes, und Shiba Inu sind da keine Ausnahme.

Anpassungen, die du für deinen älteren Shiba Inu vornehmen solltest:

- Stelle Wassernäpfe an verschiedenen Stellen auf, damit dein Hund sie bei Bedarf leicht erreichen kann.

- Bedecke harte Bodenflächen (wie Fliesen, Parkett und Vinyl). Verwende rutschfeste Teppiche oder Läufer.

- Füge Kissen und weichere Betten für deinen Shiba Inu hinzu. Dies macht die Oberfläche angenehmer. Es gibt Bettwärmer für Hunde, wenn dein Shiba Inu häufig schmerzende Gelenke oder Muskeln zeigt. Natürlich musst du auch darauf achten, dass ihm nicht zu warm wird, also kann dies ein feiner Balanceakt sein.

- Um seine Durchblutung zu verbessern, bürste deinen Shiba Inu häufiger.

Foto Von
Cheryl Carleton

- Bleibe bei extremer Hitze und Kälte drinnen. Dein Shiba Inu ist zwar robust, aber ein alter Hund kann mit extremen Veränderungen nicht mehr so gut umgehen wie früher.

- Verwende wo immer möglich Treppen oder Rampen für deinen Shiba Inu, damit der alte Kerl nicht springen muss.

- Vermeide es, deine Möbel umzustellen, besonders wenn dein Shiba Inu Anzeichen von Sehproblemen oder Demenz zeigt. Ein vertrautes Zuhause ist beruhigender und weniger stressig, wenn dein Haustier älter wird. Wenn dein Shiba Inu nicht mehr so gut sehen kann wie früher, wird es ihm durch die Beibehaltung der vertrauten Umgebung leichter fallen, sich zu bewegen, ohne sich zu verletzen.

Foto Von
Miriam Jamison

- Wenn du Treppen hast, überlege dir, einen Bereich einzurichten, in dem dein Hund bleiben kann, ohne zu oft auf- und absteigen zu müssen.

- Schaffe einen Raum, in dem sich dein Shiba Inu mit weniger Ablenkungen und Geräuschen entspannen kann. Lass nicht zu, dass sich dein alter Freund isoliert fühlt, aber gib ihm einen Ort, an den er sich zurückziehen kann, wenn er allein sein muss.

- Sei darauf vorbereitet, deinen Hund öfter für Toilettenpausen nach draußen zu lassen.

Häufige altersbedingte körperliche Beschwerden

In früheren Kapiteln wurden Krankheiten behandelt, die bei einem Shiba Inu häufig oder wahrscheinlich auftreten, aber das Alter bringt oft eine Reihe von Beschwerden mit sich, die nicht auf eine bestimmte Rasse beschränkt sind. Hier sind die Dinge, auf die du achten solltest (und über die du mit deinem Tierarzt sprechen solltest).

- Arthritis ist wahrscheinlich die häufigste Erkrankung bei allen Hunderassen, und der Shiba Inu ist da keine Ausnahme. Wenn dein Hund nach normalen Aktivitäten Anzeichen von Steifheit und Schmerzen zeigt, sprich mit deinem Tierarzt über sichere Möglichkeiten, die Schmerzen und Beschwerden dieser häufigen Gelenkerkrankung zu minimieren.

- Zahnfleischerkrankungen sind bei älteren Hunden ebenfalls ein häufiges Problem, und du solltest genauso gewissenhaft sein, was das Zähneputzen angeht, wenn dein Hund älter wird, wie in jedem anderen Alter. Eine regelmäßige Kontrolle der Zähne und des Zahnfleisches deines Shiba Inu kann dazu beitragen, dass dies kein Problem wird.

- Sehverlust oder Blindheit ist bei älteren Hunden relativ häufig, genau wie bei Menschen. Lass das Sehvermögen deines Hundes mindestens einmal im Jahr überprüfen und häufiger, wenn offensichtlich ist, dass sein Sehvermögen nachlässt.

- Nierenerkrankungen sind ein häufiges Problem bei älteren Hunden und eines, das du umso mehr überwachen solltest, je älter dein Shiba Inu wird. Wenn dein Vierbeiner öfter trinkt und regelmäßig Unfälle hat, bring deinen Shiba Inu so schnell wie möglich zum Tierarzt und lass ihn auf Nierenerkrankungen untersuchen.

- Diabetes ist wahrscheinlich die größte Sorge für eine Rasse, die so gerne frisst wie dein Shiba Inu, selbst mit zwei Stunden täglicher Bewegung während des größten Teils des Erwachsenenlebens des Hundes. Obwohl Diabetes normalerweise als genetische Erkrankung

Foto Von
Ryan N Rodriguez

angesehen wird, kann jeder Shiba Inu an Diabetes erkranken, wenn er nicht richtig ernährt und bewegt wird. Dies ist ein weiterer Grund, warum es so wichtig ist, auf die Ernährung und die Bewegung deines Shiba Inu zu achten.

Treppen, Rampen und Rollstühle

Du solltest deinen Shiba Inu nicht hochheben, um ihn die Treppe hinaufzutragen oder ins Auto zu setzen – er möchte immer noch unabhängig sein, und du könntest ihm beim Hochheben möglicherweise schaden. Treppen und Rampen sind die beste Möglichkeit, um sicherzustellen, dass dein Shiba Inu auch im Alter ein gewisses Maß an Selbstständigkeit bewahren kann. Außerdem bieten Treppen und Rampen ein bisschen zusätzliche Bewegung.

Tierarztbesuche

Wenn dein Shiba Inu älter wird, wirst du die Verlangsamung bemerken, und die Schmerzen im Körper deines Shiba Inu werden offensichtlich sein, genau wie bei einem älteren Menschen. Achte darauf, dass du regelmäßig deinen Tierarzt besuchst, um sicherzustellen, dass du nichts tust, was deinem Shiba Inu potenziell schaden könnte. Wenn dein Shiba Inu an einer schwächenden Krankheit oder an Schmerzen leidet, möchtest du vielleicht die Möglichkeiten besprechen, um eine bessere Lebensqualität für ihn zu gewährleisten, wie zum Beispiel durch Räder, wenn die Beine deines Shiba Inu ernsthafte Probleme bekommen.

Die Bedeutung regelmäßiger Tierarztbesuche und was dich erwartet

So wie Menschen mit zunehmendem Alter häufiger zum Arzt gehen, musst du auch deinen Hund öfter zum Tierarzt bringen. Der Tierarzt kann sicherstellen, dass dein Shiba Inu aktiv bleibt, ohne es zu übertreiben, und dass dein älterer Hund keinem unnötigen Stress ausgesetzt ist. Wenn dein Vierbeiner eine Verletzung erlitten hat und sie vor dir verborgen hat, wird dein Tierarzt sie eher erkennen.

Dein Tierarzt kann dir auch Empfehlungen zu Aktivitäten und Änderungen deines Zeitplans geben, basierend auf den körperlichen Fähigkeiten deines Shiba Inu und etwaigen Persönlichkeitsveränderungen. Wenn dein Shiba Inu zum Beispiel jetzt mehr hechelt, könnte das ein Zeichen für Schmerzen durch Steifheit sein. Dies könnte schwer zu unterscheiden sein, da Shiba Inu grundsätzlich viel hecheln, aber wenn du andere Anzeichen von Schmerzen siehst, vereinbare einen Termin beim

Tierarzt. Dein Tierarzt kann dir helfen, den besten Weg zu finden, um deinen Shiba Inu in den späteren Jahren glücklich und aktiv zu halten.

Folgendes kannst du erwarten, wenn du zum Tierarzt gehst.

- Dein Tierarzt wird über die Vorgeschichte deines Hundes sprechen, auch wenn du jedes Jahr zu Besuch warst. Dieses Gespräch ist notwendig, um zu sehen, wie die Dinge gelaufen sind oder ob mögliche Probleme aufgetreten sind oder sich verschlimmert haben.

- Während ihr plaudert, wird dein Tierarzt wahrscheinlich eine vollständige körperliche Untersuchung durchführen, um den Gesundheitszustand deines Hundes zu beurteilen.

- Je nachdem, wie alt dein Hund ist und in welchem Gesundheitszustand er sich befindet, möchte dein Tierarzt möglicherweise verschiedene Tests durchführen. Im Folgenden sind einige der häufigsten Tests für ältere Hunde aufgeführt.

    - Arthropoden-übertragene Krankheitstests, bei denen Blut abgenommen und auf Virusinfektionen getestet wird

    - Chemisches Screening für Nieren-, Leber- und Zuckerbewertung

    - Vollständiges Blutbild

    - Kotflotation, bei der der Kot deines Hundes mit einer speziellen Flüssigkeit vermischt wird, um auf Würmer und andere Parasiten zu testen

    - Herzwurmtest

    - Urinanalyse, die den Urin deines Hundes testet, um die Gesundheit der Nieren und des Harnsystems deines Hundes zu überprüfen

- Die routinemäßige Gesundheitsuntersuchung, die der Tierarzt seit Jahren bei deinem Hund durchführt

- Alle rassenspezifischen Tests für deinen alternden Shiba Inu

Veränderungen, auf die du achten solltest

Achte auf verschiedene Anzeichen dafür, dass dein Hund langsamer wird. Dies wird dir helfen zu erkennen, wann du die Einrichtung in deinem Zuhause anpassen und die Bewegung deines alten Hundes reduzieren solltest.

Appetit und Ernährungsbedürfnisse

Mit weniger Bewegung braucht dein Hund nicht mehr so viele Kalorien, was bedeutet, dass du die Ernährung deines Hundes anpassen musst. Wenn du dich dafür entscheidest, deinen Shiba Inu mit kommerziellem Hundefutter zu füttern, achte darauf, dass du auf ein Seniorenfutter umstellst. Seniorenfutter ist auf die sich ändernden Ernährungsbedürfnisse älterer Hunde abgestimmt, mit weniger Kalorien und mehr Nährstoffen, die der ältere Hundekörper benötigt.

Wenn du das Futter für deinen Shiba Inu selbst zubereitest, sprich mit deinem Tierarzt und nimm dir die Zeit, zu recherchieren, wie du am besten Kalorien reduzieren kannst, ohne auf Geschmack zu verzichten. Dein Vierbeiner wird weniger Fett in seinem Futter benötigen, daher musst du möglicherweise etwas Gesünderes finden, das trotzdem viel Geschmack hat, um die Arten von Lebensmitteln zu ergänzen, die du deinem Shiba Inu als Welpe oder aktiven erwachsenen Hund gegeben hast.

Bewegung

Da Shiba Inu so gesellig sind, werden sie mit zusätzlicher Aufmerksamkeit von dir genauso glücklich sein wie sie es mit Bewegung waren, als sie jünger waren. Wenn du weniger Anforderungen stellst, die Anzahl der Spaziergänge verringerst oder in irgendeiner Weise die Routine änderst, wird sich dein Shiba Inu schnell an das neue Programm anpassen. Du musst diese Änderungen auf der Grundlage der Fähigkeiten deines Hundes vornehmen, also liegt es an dir, den Zeitplan anzupassen und deinen Shiba Inu glücklich aktiv zu halten. Kürzere, häufigere Spaziergänge sollten den Bewegungsbedarf deines Shiba Inu decken und gleichzeitig deinen Tag ein wenig mehr aufteilen.

Dein Hund wird das Nickerchen genauso genießen wie das Spazierengehen, besonders wenn er mit dir kuscheln kann. Neben dir zu schlafen, während du fernsiehst oder selbst ein Nickerchen machst, ist so ziemlich alles, was es braucht, um deinen älteren Shiba Inu zufrieden zu stellen, aber er braucht trotzdem Bewegung.

Die Art und Weise, wie dein Shiba Inu langsamer wird, wird wahrscheinlich das Schwierigste daran sein, ihn altern zu sehen. Du wirst vielleicht bemerken, dass dein Shiba Inu während der Spaziergänge mehr Zeit mit Schnüffeln verbringt, was ein Zeichen dafür sein könnte, dass dein Hund müde wird. Es könnte auch seine Art sein, anzuerkennen, dass lange, gleichmäßige Spaziergänge der Vergangenheit angehören, und so hält er an, um die kleinen Dinge mehr zu genießen. Das Anhalten zum Schnuppern gibt ihm jetzt vielleicht die Aufregung, die er früher durch längeres Gehen bekommen hat.

Während du darauf achten solltest, ob dein Hund müde wird, wird er es dir vielleicht auch mitteilen. Wenn er langsamer geht, zu dir aufschaut und sich hinlegt, könnte das seine Art sein, dir mitzuteilen, dass es Zeit ist, nach Hause zurückzukehren. Wenn dein Vierbeiner keine langen Spaziergänge mehr schafft, mache die Spaziergänge kürzer und zahlreicher und verbringe mehr Zeit damit, mit deinem Kumpel in deinem Garten oder zu Hause herumzutollen.

Altern und die Sinne

Genau wie bei Menschen werden die Sinne von Hunden mit zunehmendem Alter schwächer. Sie hören nicht mehr so gut wie früher, sie sehen nicht mehr so klar und ihr Geruchssinn wird schwächer.

Im Folgenden sind einige der Anzeichen dafür aufgelistet, dass dein Hund mindestens einen seiner Sinne verliert.

- Es wird leicht, deinen Hund zu überraschen oder zu erschrecken. Du musst vorsichtig sein, denn das kann deinen Shiba Inu aggressiv machen, eine beängstigende Aussicht selbst im hohen Alter. Schleiche dich NICHT an deinen alten Hund heran, da dies für euch beide schlecht sein kann, und er hat es verdient, nicht erschreckt zu werden.

- Dein Hund scheint dich vielleicht zu ignorieren, weil er weniger reagiert, wenn du einen Befehl gibst. Wenn du vorher keine Probleme hattest, ist dein Hund nicht stur, sondern verliert wahrscheinlich sein Gehör.

- Trübe Augen können ein Zeichen für Sehverlust sein, obwohl es nicht bedeutet, dass dein Hund blind ist.

Wenn dein Hund sich „schlecht zu benehmen" scheint, ist das ein Zeichen dafür, dass er altert, nicht dass es ihm egal ist oder er rebellieren will. Bestrafe deinen älteren Hund nicht.

Passe deinen Zeitplan an die sich ändernden Fähigkeiten deines Hundes an. Passe die Höhe der Wassernäpfe an, verzichte darauf, Räume umzugestalten, und streichle deinen Hund öfter. Er ist wahrscheinlich nervös, weil er seine Fähigkeiten verliert, also liegt es an dir, ihn zu trösten.

Deinen Senioren-Hund geistig aktiv halten

Nur weil dein Shiba Inu nicht mehr so weit laufen kann, heißt das nicht, dass sein Gehirn nicht genauso konzentriert und leistungsfähig ist. Tatsächlich werden die Veränderungen in seinem Körper wahrscheinlich frustrierend für ihn sein, also solltest du sicherstellen, dass er viele andere Dinge hat, die ihn aktiv und glücklich halten. Wenn er körperlich langsamer wird, konzentriere dich mehr auf Aktivitäten, die geistig anregend sind. Solange dein Shiba Inu alle Grundlagen beherrscht, kannst du ihm alle möglichen Tricks mit geringer Belastung beibringen. An diesem Punkt könnte das Training einfacher sein, weil dein Shiba Inu gelernt hat, sich besser zu konzentrieren, und er wird froh sein, etwas zu haben, das er immer noch mit dir tun kann. Dieser unabhängige Charakterzug wird immer noch da sein, also gib deinem Vierbeiner Optionen, damit er wählen kann, was er tun möchte.

Neues Spielzeug ist eine weitere großartige Möglichkeit, den Geist deines Hundes aktiv zu halten. Achte darauf, dass das Spielzeug nicht zu hart für den älteren Kiefer und die Zähne deines Hundes ist. Tauziehen gehört vielleicht der Vergangenheit an (du willst die alten Zähne nicht verletzen), aber andere Spiele wie Verstecken werden immer noch sehr geschätzt. Ob du Spielzeug oder dich selbst versteckst, dies kann ein Spiel sein, das deinen Shiba Inu zum Raten bringt. Es gibt auch Futterbälle, Puzzles und andere Spiele, die sich auf kognitive Fähigkeiten konzentrieren. Dies ist auch ein Hund, der Rätsel liebt, was die goldenen Jahre zu einer Zeit macht, in der du anfangen kannst, Wege zu finden, um deinen Hund herauszufordern – ein großartiges geistiges Training für euch beide.

Einige ältere Hunde leiden am kognitiven Dysfunktionssyndrom (CCD), einer Art Demenz. Es wird geschätzt, dass 85 % aller Demenzfälle bei Hunden nicht diagnostiziert werden, weil es so schwierig ist, das Problem zu lokalisieren. Es manifestiert sich eher als ein Temperamentsproblem.

Wenn dein Hund beginnt, sich anders zu verhalten, solltest du ihn zum Tierarzt bringen, um zu sehen, ob er an CCD leidet. Obwohl es wirklich keine Behandlung dafür gibt, kann dein Tierarzt Dinge empfehlen, die du tun kannst, um deinem Hund zu helfen. Von Dingen wie dem Umstellen der Räume in deinem Zuhause wird dringend abgeraten, da die Vertrautheit mit seiner Umgebung deinem Hund helfen wird, sich wohler zu fühlen, und den Stress reduziert, wenn er seine kognitiven Fähigkeiten verliert. Geistige Stimulation wird helfen, CCD zu bekämpfen, aber du solltest planen, deinen Hund geistig zu stimulieren, unabhängig davon, ob er Symptome von Demenz zeigt oder nicht.

Vorteile der Seniorenjahre

Die letzten Jahre im Leben deines Shiba Inu können genauso angenehm sein (wenn nicht sogar angenehmer) als die früheren Phasen, da dein Hund milder geworden ist. All diese energiegeladenen Aktivitäten werden Kuscheln und Entspannung weichen. Es kann unglaublich schön sein, wenn dein Hund einfach deine Gesellschaft genießt (denk nur daran, sein Aktivitätsniveau aufrechtzuerhalten, anstatt zu selbstgefällig mit der neu entdeckten Liebe deines Shiba Inu zum Ausruhen und Entspannen zu werden).

Dein Shiba Inu wird weiterhin ein liebevoller Begleiter sein, der bei jeder Gelegenheit mit dir interagiert – das ändert sich nicht mit dem Alter. Die Einschränkungen deines Vierbeiners sollten Interaktionen und Aktivitäten bestimmen. Wenn du beschäftigt bist, plane Zeit mit deinem Shiba Inu ein, um Dinge zu tun, die innerhalb dieser Grenzen liegen. Es ist genauso einfach, einen älteren Shiba Inu glücklich zu machen wie einen jungen, und es ist einfacher für dich, da Entspannung für deinen alten Freund wichtiger ist.

Vorbereitung auf den Abschied

Das ist etwas, woran kein Tierelternteil denken möchte, aber wenn du siehst, wie dein Shiba Inu langsamer wird, wirst du wissen, dass deine Zeit mit deinem süßen Hund zu Ende geht. Die meisten Arbeitshunde neigen dazu, plötzlich abzubauen, was es sehr offensichtlich macht, wann du anfangen musst, besonders auf ihre alternden Körper zu achten. Sie haben Schwierigkeiten auf glatteren Oberflächen oder können nicht mehr so weit laufen wie früher. Es ist sicherlich traurig, aber wenn es anfängt, weißt du, dass du dich auf den Abschied vorbereiten musst.

Einige Hunde können noch Jahre leben, nachdem sie begonnen haben, langsamer zu werden, aber die meisten Arbeitshunde schaffen es nicht mehr als etwa ein oder zwei Jahre. Manchmal verlieren Hunde ihr Interesse am Fressen, erleiden einen Schlaganfall oder ein anderes Problem, das mit wenig Vorwarnung auftritt. Irgendwann wird es Zeit sein, Abschied zu nehmen, sei es zu Hause oder beim Tierarzt. Du musst vorbereitet sein, und genau deshalb solltest du diese letzten Jahre optimal nutzen.

Sprich mit deiner Familie darüber, wie ihr euren Hund in den letzten Jahren oder Monaten seines Lebens versorgen werdet. Viele Hunde werden trotz ihrer eingeschränkten Fähigkeiten vollkommen glücklich sein. Einige haben vielleicht Probleme mit der Kontrolle ihrer Darmentleerung, während andere Probleme haben, aus einer liegenden Position aufzustehen. Für all diese Probleme gibt es Lösungen. Es ist wichtig, sich daran zu erinnern, dass die Lebensqualität die wichtigste Überlegung sein sollte, und da dein Hund dir nicht sagen kann, wie er sich fühlt, musst du Hinweise von deinem Hund aufnehmen. Wenn dein Hund noch glücklich zu sein scheint, gibt es keinen Grund, ihn einzuschläfern.

In dieser Phase ist dein Hund wahrscheinlich sehr glücklich, einfach 18 Stunden am Tag neben dir zu schlafen. Das ist völlig in Ordnung, solange er sich noch auf Spaziergänge, Fressen und Streicheln freut. Der Zweck der Einschläferung ist es, Leiden zu verringern, nicht die Dinge für dich bequemer zu machen. Das macht die Entscheidung so schwierig, aber das Verhalten deines Hundes sollte ein ziemlich guter Indikator dafür sein, wie er sich fühlt. Hier sind einige andere Dinge, auf die du achten solltest, um die Lebensqualität deines Hundes zu beurteilen:

- Appetit
- Trinken
- Urinieren und Stuhlgang
- Schmerzen (erkennbar an übermäßigem Hecheln)
- Stresslevel
- Wunsch, aktiv zu sein oder bei der Familie zu sein (wenn dein Hund die meiste Zeit allein sein möchte, ist das normalerweise ein Zeichen dafür, dass er versucht, für das Ende allein zu sein)

Sprich mit deinem Tierarzt, wenn dein Hund eine ernsthafte Krankheit hat, um die besten weiteren Schritte zu bestimmen. Sie können die besten Informationen über die Lebensqualität deines Hundes geben, und wissen, wie lange dein Hund wahrscheinlich mit der Krankheit oder dem Leiden leben wird.

Wenn dein Hund an den Punkt kommt, an dem du weißt, dass er nicht mehr glücklich ist, er sich nicht mehr bewegen kann oder er eine tödliche Krankheit hat, ist es wahrscheinlich Zeit, Abschied zu nehmen. Dies ist eine Entscheidung, die als Familie getroffen werden sollte, wobei die Bedürfnisse und die Lebensqualität des Hundes immer an erster Stelle stehen. Wenn du entscheidest, dass es Zeit ist, Abschied zu nehmen, bestimme, wer am Ende anwesend sein wird.

Wenn du in der Tierarztpraxis angekommen bist und dich entschieden hast, den Hund einzuschläfern, kannst du die letzten Minuten sehr glücklich gestalten, indem du deinem Hund die Dinge fütterst, die er vorher nicht essen durfte. Dinge wie Schokolade und Trauben können ihm in der verbleibenden Zeit ein Lächeln ins Gesicht zaubern.

Du kannst deinen Hund auch zu Hause einschläfern lassen. Wenn du dich entscheidest, einen Tierarzt zu bitten, zu dir nach Hause zu kommen, sei auf zusätzliche Kosten für den Hausbesuch vorbereitet. Du musst auch entscheiden, wo dein Hund sein soll, ob drinnen oder draußen, und in welchem Raum, wenn du dich für drinnen entscheidest.

Stelle sicher, dass mindestens eine Person, die er gut kennt, anwesend ist, damit dein Hund in den letzten Minuten seines Lebens nicht allein ist. Du willst nicht, dass dein Hund umgeben von Fremden stirbt. Der Prozess ist ziemlich friedlich, aber dein Hund wird wahrscheinlich ein wenig gestresst sein. Er wird innerhalb weniger Minuten nach der Injektion einschlafen. Sprich weiterhin mit ihm, da sein Gehirn auch nach dem Schließen seiner Augen noch arbeiten wird.

Sobald dein Hund gegangen ist, musst du entscheiden, was mit dem Körper passiert.

- Einäscherung ist eine der häufigsten Methoden, um sich um den Körper zu kümmern. Du kannst dich für eine Urne entscheiden oder einen Behälter anfordern, um die Asche deines Hundes über seinen Lieblingsorten zu verstreuen. Achte darauf, dass du seine Asche nicht an Orten verstreust, an denen dies nicht erlaubt ist. Eine Einzeleinäscherung ist teurer als eine Gemeinschaftseinäscherung, aber es bedeutet, dass die Asche, die du bekommst, einzig und allein von deinem Hund stammt. Eine Gemeinschaftseinäscherung findet statt, wenn mehrere Haustiere zusammen eingeäschert werden.

- Beerdigung ist die einfachste Methode, wenn du dein Haustier zu Hause einschläfern lässt, aber du musst die örtlichen Vorschriften überprüfen, um sicherzustellen, dass du deinen Hund zu Hause begraben darfst, da dies an manchen Orten illegal ist. Du musst auch den Boden berücksichtigen. Wenn dein Garten felsig oder sandig ist, wird das Probleme beim Versuch, dein Haustier zu Hause zu begraben, verursachen. Begrabe dein Haustier auch nicht in deinem Garten, wenn er sich in der Nähe von Brunnen befindet, die Menschen als Trinkwasserquelle nutzen, oder wenn er sich in der Nähe von Feuchtgebieten oder Wasserstraßen befindet. Der Körper deines Hundes kann das Wasser verunreinigen, wenn er verwest. Du kannst dich auch nach einem Tierfriedhof in deiner Gegend erkundigen, falls es einen gibt.

Trauer und Heilung

Hunde werden zu Mitgliedern unserer Familien, daher kann ihr Tod unglaublich schwierig sein. Menschen durchleben bei einem Hund die gleichen Emotionen und Gefühle des Verlusts wie bei engen Freunden und Familienmitgliedern. Das Fehlen dieser Präsenz in deinem Leben ist erschütternd, besonders bei einem so liebevollen, treuen Hund wie dem Shiba Inu. Dein Zuhause ist eine ständige Erinnerung an den Verlust, und am Anfang werden du und deine Familie wahrscheinlich erhebliche Trauer empfinden. Abschied zu nehmen wird schwierig sein. Ein paar Tage frei von der Arbeit zu nehmen, ist keine schlechte Idee. Während Menschen, die keine Hunde haben, sagen werden, dass dein Shiba Inu nur ein Hund war, weißt du es besser, und es ist in Ordnung, den Schmerz zu fühlen und zu trauern wie für jeden verlorenen geliebten Menschen.

Den Verlust deines Shiba Inu wird auch eine wesentliche Änderung in deinem Zeitplan bewirken. Es wird wahrscheinlich eine Weile dauern, bis du dich an die Veränderung deines Zeitplans gewöhnt hast. Bekämpfe den Drang, sofort loszugehen und einen neuen Hund zu holen, denn du bist fast sicher noch nicht bereit dafür.

Jeder trauert anders, also musst du dir erlauben, auf eine Weise zu trauern, die für dich gesund ist. Auch jeder in deiner Familie wird den Verlust anders empfinden, also lass sie ihn auf ihre eigene Weise fühlen. Manche Menschen brauchen nicht viel Zeit, während andere den Verlust monatelang spüren können. Es gibt keinen Zeitplan, also kannst du nicht versuchen, ihn dir selbst oder einem Mitglied deiner Familie aufzuzwingen.

Sprecht darüber, wie ihr euch an euren Hund erinnern möchtet, und achtet darauf, zuzuhören. Ihr könnt ein Denkmal für euer verlorenes Haustier errichten, Geschichten erzählen und einen Baum zum Gedenken an euren Hund pflanzen. Wenn jemand nicht teilnehmen möchte, ist das in Ordnung.

Versuche, so weit wie möglich zu deiner normalen Routine zurückzukehren, wenn du andere Haustiere hast. Dies kann sowohl schmerzhaft als auch hilfreich sein, da deine anderen Haustiere dich immer noch genauso brauchen (besonders andere Hunde, die auch ihren Gefährten verloren haben).

Wenn du feststellst, dass Trauer deine Fähigkeit, normal zu funktionieren, behindert, suche professionelle Hilfe. Bei Bedarf kannst du online nach Selbsthilfegruppen in deiner Nähe suchen, die dir und deiner Familie helfen können, besonders wenn dies dein erster Hund war. Manchmal hilft es, über den Verlust zu sprechen, damit du anfangen kannst zu heilen.

www.ingramcontent.com/pod-product-compliance
Lightning Source LLC
Chambersburg PA
CBHW071735120626
46550CB00002B/528